M000294885

LAS JEFAS DEL NARCO

ARTURO SANTAMARÍA GÓMEZ

(coordinador)

LAS JEFAS DEL NARCO

El ascenso de las mujeres
en el crimen organizado

Grijalbo

Las jefas del narco
El ascenso de las mujeres en el crimen organizado

Primera edición: marzo, 2012

D. R. © 2012, Arturo Santamaría Gómez, coordinador

D. R. © 2012, derechos de edición mundiales en lengua castellana:
Random House Mondadori, S. A. de C. V.
Av. Homero núm. 544, colonia Chapultepec Morales,
Delegación Miguel Hidalgo, C.P. 11570, México, D.F.

www.megustaleer.com.mx

Comentarios sobre la edición y el contenido de este libro a:
megustaleer@rhmx.com.mx

Queda rigurosamente prohibida, sin autorización escrita de los titulares del *copyright*, bajo las sanciones establecidas por las leyes, la reproducción total o parcial de esta obra por cualquier medio o procedimiento, comprendidos la reprografía, el tratamiento informático, así como la distribución de ejemplares de la misma mediante alquiler o préstamo públicos.

ISBN 978-607-310-822-5

Impreso en México / *Printed in Mexico*

Índice

Prólogo

RAFAEL MOLINA

"Nunca te metas con una hija de gomero" era una frase que uno podía escuchar comúnmente en la Sinaloa de los años setenta del siglo pasado, al menos en la capital culichi, donde esta advertencia no era lanzada en tono amenazante porque el mundo narco que se regía bajo sus propios códigos no violentaba el entorno social sin causa justificada. *Gomero* se designaba a los que cultivaban la goma de amapola provenientes de la sierra, aunque el término se ampliaba a todo aquel involucrado en el narco —cuando el concepto aún no se globalizaba—: botas funcionales, camisa a cuadros, ancho cinturón (piteado en algunos casos) de hebilla metálica adornada con diseños vaqueros.

Lo más contundente en la estética tradicional del *art narcó* y su *leitmotiv* que lo dibujaba como retrato hablado se condensaba en las indesprendibles cadenas de oro, anillos y esclavas del mismo material, y hasta diente de oro como Pedro Navaja, visibles desde la serranía pa' que vean cómo me pinto, ay, ay, ay, mamá por Dios. Eran los signos de la ostentación y el narcopoder que deslumbraban en la cantina o en un establecimiento comercial al deslizar los dedos sobre los billetes verdes estadounidenses; una práctica ejercitada en grupos movidos en la clandestinidad pero muy identificados en las comunidades, antes de que la tierra de Los Tigres del Norte se convirtiera en capital detonante del nada santo oficio del ajuste de cuentas (como muchas ciudades nacionales en la actualidad).

9

El mundo aislado del narcotráfico, al menos sin violencia generalizada más allá de territorios marcados e intocables, mitificó a Sinaloa como ente laberíntica y la petrificó a través de sus narcocorridos y la sensualidad de sus mujeres. Hasta la década de los ochenta el narco era un fenómeno cotidiano que no acarreaba riesgo de estallidos contra la población civil. Nadie podía concebir en las décadas setenta y ochenta el poderío que alcanzarían las organizaciones, a niveles de corporaciones narcoempresariales, y mucho menos imaginarse la participación femenina conquistando el estatus de *jefa* en estas actividades altamente redituables.

El escenario que revela por primera vez —al menos cinematográficamente— la existencia de correos humanos de la droga, a través de las mujeres, es la película *María llena eres de gracia* (2004), la historia colombiana que magnificó histriónicamente la actriz Catalina Sandino y con la que obtuvo una nominación al Oscar. El crudo retrato de las *mulas* como María enmudeció a la opinión pública mundial por las condiciones lacerantes con las que han sido arrojadas las mujeres jóvenes a contrabandear suicidamente, de Colombia a Estados Unidos: tragándose pequeñas bolsas de cocaína y portándolas en el estómago como bomba de tiempo propensa a estallar. El póster de la película sobre la joven embarazada de 17 años, de modesto estatus social, con el rostro hacia arriba recibiendo una cápsula con cocaína como si fuera una hostia, despertó reflexiones nunca antes suscitadas ante el advenimiento de una narcocultura femenina, emergente en el siglo XXI.

Al año siguiente —en 2005—, Gustavo Bolívar Moreno detonó el *boom* colombiano de la narcoliteratura encauzada en el género, con su libro *Sin tetas no hay paraíso*, que cautivó a las audiencias internacionales por su narrativa y su destreza en el desenvolvimiento de situaciones lúdicas y truculentas.

Ése fue el día en que Catalina se propuso, como meta única en su vida, como fin último de su paso por este mundo, conseguir el dinero para operarse los senos y convertirse en la novia de un *traqueto*. No pasaría desde entonces segundo de su vida sin que ella pudiera imaginar cosa distinta a su imagen frente al espejo con un par de senos que intentaran reventar sus brasieres.

Sin tetas no hay paraíso es el anhelo que escapa de la desesperación por fugarse de la pobreza; siliconear los pezones de manera *fast track* —pero no certera— es la esperanza de alcanzar los beneficios del poder monetario a cambio de satisfacer los delirios tetónicos de los narcos colombianos, en medio de sobredosis de bala y silicona. Aquí el mundo *traqueto* (así llaman a los narcos en Colombia) es la mediación entre el cielo y el infierno; pulsa el instinto y las tentaciones para intentar escapar del precipicio marginal (particularmente en la región de Pereira).

La pieza angular de Gustavo Bolívar fue una de las primeras series de televisión exitosas internacionalmente, aunque la adaptación a la pantalla chica no alcanzó la plasticidad grandilocuente de la novela. Su popularidad, lograda en gran medida por el estupendo papel de la protagonista, desencadenó el fenómeno de series televisivas basadas en la vida narcotraficante, a la que siguió una profusa producción que atrapó por su originalidad y revolucionó la televisión latinoamericana. Lo más innovador del formato colombia=no que ha integrado escenas de acción es el elemento femenino como uno de sus agentes protagónicos. En ese sentido, una de las narcoseries más acertadas ha sido *El capo* —también escrita por Gustavo Bolívar—, emblemático personaje televisivo en Colombia (Pedro Pablo León Jaramillo) al que públicos masivos le atribuían la sagacidad, el instinto felino y el carisma de Pablo Escobar, tan santificado en Colombia como Malverde en Sinaloa.

Entre los lugartenientes de Pedro Pablo (el capo) sobresalió la figura carismática de *Perris*, una fémina audaz, certera, dura pero no sangrienta, coexistiendo con dos personajes de género: la esposa y la periodista —amante de Pedro Pablo—. *El capo*, igual que otras narcoseries colombianas, desmitificó y desnudó los lugares comunes del narco que se cuentan pero no se denuncian (ésa es la regla):

la complicidad con oficiales de la policía y del ejército, con la clase política, con altos funcionarios. La corrupción histrionizada también aparece en escenas de otra serie colombiana titulada *El cártel*, como aquella de un alto oficial militar entrando como Juan por su casa a la finca del *Cabo* (el narco más sanguinario), a quien saluda como entrañable amigo mientras degustan un aguardientico; realmente electrizante, no porque se escenifique algo más que sabido de dominio público, sino por la contundencia histriónica con que los actores caracterizan a sus personajes, como el acertado papel de Robinson Díaz. La avioneta de la DEA cargando coca en una pista controlada por *traquetos* es una revelación insólita de la serie, basada en el libro *El cártel de los sapos*, de Andrés López López.

El periodismo y la narcoliteratura colombiana han derrumbado mitos intocables que en décadas pasadas ni siquiera era posible mencionar, como la escenificación de abusos de un agente de la DEA que se dedica a "ordeñar" a capos en la serie *El cártel* —primera temporada—, a quienes extorsiona con millones de dólares antes de que se entreguen voluntariamente y sean extraditados a Miami (extradición, "ordeña" y denuncia contra sus propios correligionarios o sentencia prolongada).

El fenómeno de los *sapos* perseguidos en Colombia (los narcos soplones que denunciaban a sus colegas ante la DEA), y la guerra entre cárteles en los años ochenta y noventa, tuvo un arranque avasallador a partir del libro *El cártel de los sapos* que devino en dos temporadas televisivas, dos películas y un segundo libro: *El cártel de los sapos II*. Su autor, Andrés López López, quien fue miembro del cártel del Norte del Valle, en Colombia, escribió sus apuntes biográficos en una prisión de Miami —clandestinamente— y posteriormente se convirtió en guionista de televisión a partir de su exitosa serie *El cártel*, que fue transmitida en más de 30 países y galardonada en Cannes. Andrés López López es una referencia mítica porque se entregó voluntariamente a la DEA en Miami y se hizo famoso como autor de varios libros, guiones de televisión y cine, que incluyen la coautoría de la novela *Las fantásticas*, la cual fue rebautizada como serie televisiva: *Las muñecas de la mafia*, un asomo a la vida rural y provinciana en los alrededores del Valle (tierra del vallenato), en la que se involucran directa e indirectamente en el narco seis féminas coprotagonistas.

LAS FÉMINAS, GÉNERO EMERGENTE

La validez de las narcoseries emanadas de la tierra de la cumbia radica en que no apologizan al narco pero sí captan y recrean visualmente sus códigos, sus reglas, sus lenguajes —y sus ajustes de cuentas—, así como sus formas de seducción desde el poder del dinero con todas sus consecuencias: la traición y la muerte. Sólo una de las seis *fantásticas* —que en la serie son *las muñecas de la mafia*— es doblegada por la ambición ante la fortuna de Braulio, el capo principal; las demás corren su destino: esposa sexy independiente, una hija de un narcocomerciante que toma el mando al ser asesinado su padre —siempre armada y con guardaespaldas—; una amiga cercana al capo mayor, una hija de un piloto narco y una víctima de todas las circunstancias que cierra los últimos capítulos (ensayando con uvas, disciplinándose en su dieta y ejercitando sus nervios para tragarse pequeñas bolsas de coca) al morir como *mula* cuando se disuelve la droga en su estómago. Con las muñecas fantásticas (ingenuas y provincianas) se echan a volar los sueños por alcanzar el paraíso, pero también se diluyen las falsas expectativas, porque se descifran los signos del poder económico pero también los de la muerte. Las narcoseries colombianas han sido impactantes por sus casos reales, sobre todo por los roles de las mujeres involucradas con los *patrones*: como amantes, como esposas, como hijas; pero ningún periodista, guionista de televisión o escritor colombiano se imaginaría a las féminas en su papel de *jefas* de organización o al frente de un cártel dando órdenes a sus lugartenientes o manejando armas de alto poder porque sólo en apariencia los tacones todavía no combinan con el cuerno de chivo. Pero en Sinaloa y en otras regiones mexicanas comienza a ser común, y de manera certera.

13

Cuando se afirma que México se está *colombianizando*, análogamente se puede concluir que Colombia alcanzó los extremos de violencia que México está viviendo con una "guerra" estéril que ha cobrado más de 50 000 víctimas en cinco años como consecuencia del supuesto combate al narcotráfico en un Estado fallido. Protagonista y gran conocedor del mundo narco desde sus entrañas —perseguido por la DEA durante 20 años—, Andrés López López ha afirmado en entrevista vía telefónica, Miami-México:

Hemos aprendido mucho en Colombia, no creas. Nosotros denunciamos, pero en tu país es muy complejo porque muchísimas veces el trabajo de los buenos lo hacen los malos, y los malos no son tan malos sino que hacen el trabajo de los buenos, y en esas mezcolanzas se confunden los unos con los otros y uno pierde el horizonte y el norte. Eso de alguna manera genera que la gente tenga desconfianza en torno a sus propias instituciones, porque muchísimas veces esos que se supone deberían combatirlos pues son precisamente los que los alimentan. Excusamos la inoperancia de las instituciones del Estado diciendo que todo es producto del narcotráfico, pero no creas que todo lo que sucede en tu país es producto del narcotráfico; en tu país hay secuestros que no tienen nada que ver con el narcotráfico, hay extorsión, hay delincuencia organizada, hay criminalidad en todos los niveles y en todos los estamentos que se suponen deben combatirlos. Pero todas esas turbulencias que suceden se las achacamos a los narcotraficantes para justificar la inoperancia de las fuerzas que se supone deben combatirlos… Si no existiría en tu país el narcotráfico, te aseguro que los índices de violencia continuarían porque la corrupción es infinita en todos los estamentos; o sea que el señor narcotraficante de verdad tiene el propósito de enviar droga de un país a otro y venderla. Lo que pasa es que ahí han venido ramificaciones de ochenta mil hojas y toda la criminalidad que sucede en tu país no viene directamente ligada al narcotráfico; también hay ochenta mil cosas distintas a eso.

La complejidad de las relaciones de corrupción entre el narco y el Estado, los narcoempresarios (sobre los que nunca se habla), la clase política y las instituciones de procuración de justicia en México, explican la violencia extrema que se ha escapado de las manos, contexto en el que ha arremetido la presencia femenina y el ascenso de las *jefas*. En el país azteca se rompieron los códigos entre las organizaciones del narco, por eso hasta la narcocultura se desbordó a niveles delirantes y el paroxismo, como ocurrió con el narcocorrido alterado. La *colombianización*, expandida no sólo en México sino en varias partes del mundo, se ha dado a través de la *narcoliteratura de género* y las series televisivas de técnica cinematográfica —y cadencioso acento— con las que hemos aprendido expresiones coloquiales, como el ajuste de cuentas: *lista esa vuelta patrón*.

Colombia es definitivamente el alma gemela emanada del narcotráfico y su emparentamiento narcocultural con Sinaloa es inusitado: ambas regiones comparten una naturaleza tropical exuberante y "bondadosa" en la cosecha de estupefacientes (el valle y la sierra); la tradición del acordeón diatónico con el que se interpreta la música norteña y el vallenato; el carisma, la belleza y la sensualidad hipnotizadora de sus mujeres creadas por Dios; el carácter férreo y endemoniado de los narcos que escapó a la mano de Dios. Incluso el tema de la serie *El cártel* es una especie de narcocorrido muy influido por el género mexicano, pero ambas narcoliteraturas se han desarrollado a través de sus propias vías y singularidades; en el caso del proceso femenino asociado directa o indirectamente a las organizaciones y el negocio de las drogas, no existe ningún paralelismo en ese sentido. La noción de "jefa del narco" resultaría probablemente inverosímil en Colombia; en cambio, son muy explicables en el universo sinaloense, como lo testimonian los autores del presente volumen, debido en gran medida a la interacción y a la cohesión que han mantenido durante décadas y por generaciones en su rol de esposas, hermanas, amantes, cómplice voluntarias e involuntarias, y ahora líderes y *narcas*; así, aunque suene grotesco para los oídos ajenos a la narcocultura de la región del Pacífico mexicano. Son jefas porque su femineidad —con toda la coquetería innata— se muestra insospechada ante riesgos inminentes, pero también son rudas porque provienen de una cultura femenina emancipada, a la que se suma su esencialidad carismática.

REINAS Y MISSES

El magnetismo del carisma sinaloense (encarnado en su máxima expresión por Pedro Infante) es una de las formas seductoras del Pacífico mexicano —muy pronunciadas en la personalidad femenina— a las que se suman la natural sinceridad y el gesto afable y franco de su gente que cohabita en terrenos de ángeles y demonios. El encanto, los arrebatos, el carácter detonante de la mujer culichi, fueron algunos rasgos idiosincráticos que impactaron a Pérez-Reverte para escribir su narcocorrido literario *La Reina del Sur* (2002), obra definitiva que desde el discurso narrativo desencadenó miradas hacia un fenómeno relativamente silencioso en Sinaloa, inadvertido en el resto del país hasta principios de este siglo. La novela, surgida de la realidad y la leyenda, rindió fielmente los atributos a Teresa Mendoza —*la Mexicana*— con una visión precisa y una personificación certera, que representa sin duda a las mujeres sinaloenses empoderadas en el narco. El escritor español se apropió de los lenguajes mexicanos, recreó los climas y los clímax con extraordinaria plasticidad narrativa; se internó hasta la cocina de los submundos del narco en Culiacán (*with a little help of his* culichis *friends*, como Elmer Mendoza) para interactuar con sus protagonistas.

La Reina del Sur es el despegue de la *narcoliteratura de género* en México con un personaje principal que inauguró un discurso literario inexplorado, reveló una realidad palpitante y un universo que comienza a desbordarse en todos los órdenes del negocio bajo la mano femenina: la organización financiera, el desenfundamiento de las armas, la distribución de la droga. Un alto número de públicos diversos —tanto lectores del libro como televidentes de la serie— sigue pensando que la obra de Pérez-Reverte es una novela basada en la historia de Sandra Ávila, *la Reina del Pacífico*, y entre ese público confundido se inscribe Felipe Calderón. Las contundentes declaraciones de *la Reina del Pacífico* —que no *La Reina del Sur*— manifiestas a Julio Scherer García en el libro *La Reina del Pacífico* (2008), confrontan sus imprecisiones.

El día de mi captura Felipe Calderón se lanzó en mi contra. Olvidó que es presidente y me acusó sin pruebas. Dijo que soy enlace con los cárteles de Colombia. Se creyó la ley. El poder no es para eso. En mi caso, sus palabras las sentí como una avalancha que se me venía encima. Llegó a decir que soy una de las delincuentes más peligrosas de América Latina y en su ignorancia me llamó la Reina del Pacífico o del Sur, así, literalmente, una u otra. Cualquiera sabe que la Reina del Sur es un personaje de ficción del escritor Pérez-Reverte y yo de ficción nada tengo, que de carne y hueso soy.

Pérez-Reverte no inventó un personaje; se adentró en un mundo subterráneo que ya existía, y aunque *La Reina del Sur* no fue escrita por un autor mexicano, singulariza la narcomexicanidad en sus entrañas desde el primer capítulo, "Me caí de la nube en que andaba"; homenajeando involuntariamente a Cornelio Reyna, quien popularizó esta canción ranchera. La historia de la novela es en sí misma inverosímil porque el autor partió motivado por el narcocorrido *Contrabando y traición (Camelia la Texana)* de Los Tigres del Norte, y culminó con las intenciones de Hollywood de producirla como película —según se consignó en los medios internacionales— con Eva Méndes protagonizando a Teresa Mendoza, y subvencionada por Elizabeth Avellán (ex esposa de Robert Rodríguez). El proyecto no prosperó como escenario hollywoodense y devino en serie de televisión con alentadores aciertos; entre los fundamentales, la estupenda caracterización de Kate del Castillo en el papel de *Teresa la Mexicana* que trascendió no solamente en los medios latinos estadounidenses, sino también en la prensa angloamericana (*People* en inglés, entre otras). A punto de ser censurada en México por Televisa, *La Reina del Sur* definitivamente se masificó —y universalizó— a través de la serie que alcanzó *ratings* insospechados en las comunidades latinas de Estados Unidos. Es un antecedente —directa o indirectamente— de *Las jefas del narco*, y aunque no influyó en la configuración de este volumen, arrojó a la luz pública mundial la existencia del modo de vida de una gran jefa.

Su efecto masivo es comparable (las proporciones guardadas) con la popularidad alcanzada en su momento en México por *Contrabando y traición* (*Camelia la Texana*, 1976). A pesar de sus desaciertos como *churro* (así se llamaba a las pésimas películas), fue un precedente con cinco producciones derivadas de la misma historia que adaptó banalmente el cine mexicano, partiendo del emblemático *narcocorrido de género* de Los Tigres del Norte, el mismo que dio origen a *La Reina del Sur*. El tema que por primera vez proyectaba a una mujer narcotraficante en la pantalla se volvió muy explotable, comenzando con *La hija de Camelia* y otros *churrazos* en los que se le sacó jugo hasta a Emilio Varela (personaje ficticio), durante un periodo de aguda crisis del cine mexicano en que proliferaron filmes sobre contrabando y narcotráfico protagonizados por los hermanos Almada, erigidos en íconos *kitsch* absolutos. Hasta *Charros contra gángsters* y todas las películas de Juan Orol (el primero que abordó al personaje mafioso en el cine mexicano) podrían considerarse verdaderas joyas, comparadas con las películas sobre narcos de las décadas de los setenta y ochenta; un fenómeno cinematográfico acuciosamente investigado por la tijuanense Norma Iglesias en dos volúmenes: *Entre yerba, polvo y plomo* (*lo fronterizo visto por el cine mexicano*).

Contrabando y traición inauguró el primer *narcocorrido de género* dentro de la industria y de alguna manera fue pauta análoga al libro de Arturo Santamaría *El culto a las reinas de Sinaloa y el poder de la belleza*, localmente hablando, porque en el estado bravío bañado por el Pacífico esa obra ha sido referencia —durante década y media— por su fluido discurso literario y por su exploración sociológica en torno de la mitología de la belleza femenina. Particularmente el capítulo "El poder del narcotráfico y de las reinas de belleza", insólito y revelador en 1997, fue premisa para posteriores trabajos periodísticos en medios sinaloenses, porque arrojó líneas sobre dos fenómenos y dos poderes intrínsicamente relacionados. La fémina belleza y el narco han ido de la mano como dicotomía entre vencedores y vencidas (o vencedoras y vencidos), porque el narco se ha rendido a la belleza y la hermosura femenina ha caído a los pies del narco. La investigación pionera señala:

> Los concursos de belleza son de los instrumentos preferidos de los narcos para lavar dinero, financiando vestuarios, alquiler de clubes, grupos musicales, hoteles, etcétera. El lavado de dinero, sin embargo, no es el principal objetivo de los narcos al apadrinar a las reinas, sino convertirlas en una especie de publirrelacionistas o en esposas o amantes. Cuando son embajadoras de los narcos las usan como los mejores contactos para los mercados europeos y estadounidenses. Fungiendo como correos, las reinas logran que las mafias eviten que los teléfonos y correos electrónicos puedan ser intervenidos por la DEA. Pero, además, qué "mejor trofeo que una reina de belleza", dice Cetina. Las bellas mujeres adornan las constantes fiestas de los narcos.

En el culto a las reinas han desfilado activamente célebres capos, incluso apadrinando a monarcas de la belleza, como el popular Manuel Salcido el Cochiloco en los años ochenta, quien, a fuerza de pistoleros, impuso a Rosa María Zataráin para que apareciera en el desfile del carnaval de Mazatlán compitiendo con la reina elegida, Rebeca Barros de Cima. El secuestro de Sara Cossío por parte de Rafael Caro Quintero ocupó espacios visibles en diarios nacionales (hasta El Tri de Alex Lora le compuso una tonada), igual que el "robo" de Rocío del Carmen Lizárraga, reina del carnaval del puerto mazatleco, a manos del licenciado Francisco Arellano Félix, con quien contrajo nupcias (así lo distinguían notas periodísticas:

como licenciado). Otro caso que testimonia Arturo Santamaría es la dramática muerte en 1997 de Miss Jalisco 1970, asociada al cártel de Amado Carrillo Fuentes.

El poder de seducción del narco es tan avasallador como el magnetismo de la fémina sensualidad —sin tetas no hay paraíso— muy común en las narcocostumbres colombianas. En ese sentido el proceso de Virginia Vallejo al lado del narcopolítico Pablo Escobar es muy ilustrativo en su libro *Amando a Pablo, odiando a Escobar* (2007), en el que la ex conductora de televisión confiesa que disfrutó el placer del *reino del oro blanco*, y sintió a flor de piel la caricia de un revólver. Sus testimonios autobiográficos son cruciales por la percepción femenina del mundo narco, vivido desde dentro.

A casi década y media de haberse publicado *El culto a las reinas de Sinaloa y el poder de la belleza*, se produjo el filme *Miss bala* (2011), un tema tratado bajo la relación narco-belleza que comienza a explorarse en el ámbito nacional a principios de la segunda década del presente siglo. Después de haberse exhibido por primera vez en el Festival de Cannes con opiniones favorables de la prensa francesa (incluyendo *Le Monde*), la película fue invitada a los festivales internacionales de San Sebastián, Nueva York y Toronto, y recorrió las salas de exhibición de Estados Unidos, Europa y Medio Oriente. Probablemente sea el despegue cinematográfico de un fenómeno ampliamente abordado por el periodismo sinaloense y absolutamente inédito en el resto del país. La historia fue retomada del caso Miss Sinaloa 2008, Laura Elena Zúñiga (*Miss Narco*); el personaje se desenvuelve en dos mundos: con un pie en los concursos de belleza, como agitada "reina" (Miss Baja California), y metida en el infierno como amante obligada de un narco perseguido por la DEA. Protagonizada acertadamente por Stephanie Sigman, la película recrea la atmósfera fronteriza y confirma que el poder del narco es capaz de imponer un título: Miss Baja California, en la película. "Estaba muy indignado por cómo los medios de comunicación retratan el problema de la violencia actual en México, siempre desde el punto de vista del criminal, una perspectiva muy simplista. Compartir la visión de quienes recibimos el crimen era lo más importante para *Miss bala*", declaró su director Gerardo Naranjo sobre la producción realizada por Gael García, Diego Luna y Pablo Cruz, antes de que el *thriller* (no *narcothriller*) fuera estrenado en el país. "Es una radiografía de lo que ocurre en México, todos somos inocentes con lo que ocurre; en una situación como la de la protagonista no sabríamos qué hacer, presentamos un viaje emocional."

La perspectiva periodística sinaloense sobre *reinas* y roles femeninos alrededor del trasiego de drogas fue retomada por Javier Valdez Cárdenas en su libro *Miss Narco* (2011), una crónica testimonial y encendida que recupera voces emergidas del narco nuestro de cada día a través de revelaciones de mujeres de los más variados oficios y beneficios —perjuicios y tragedias—; no todo es narco-glamour y belleza, también coexisten las mujeres que no han ingresado al negocio y reciben consecuencias espinosas de la violencia. Pero en la realidad ascendente del empoderamiento dentro de los cárteles, la mujer sinaloense se ha impuesto no sólo con carácter embravecido y juvenil, sino con el cada vez más común manejo de las armas, como se consigna en *Miss Narco*:

Ahora la generación narca da para damas enfierradas, con la escuadra .380 a la mano, listas para saltar. Sin llegar a ser emperifolladas, andan de mezclilla y blusa casual. Venden droga y administran casas de seguridad. Llevan y traen fajos de billetes, armas y parque. Son escudos a la hora de los retenes y las revisiones, y en esto no dudan en hacerse acompañar de hijos menores de edad, hermanas y otros familiares. Así evitan los esculques o hacen que éstos sean menos meticulosos... Son féminas metidas hasta el acta de defunción en el narcotráfico. Algunas de ellas obligadas por el esposo o amante, quien generalmente forma parte de una red de distribución de drogas y armas al servicio de cárteles locales. Otras veces la mujer llega a estar al mismo nivel que los hombres que las coptaron. Incluso los superan en seguridad, aptitud y perseverancia.

EL OFICIO DE SOCIÓLOGO Y NARCÓLOGO

El ejercicio de interpretación desplegado en *Las jefas del narco* es un precedente definitivo, porque indaga, penetra y se apropia de una realidad que aún no ha sido trastocada, ha permanecido inédita y comienza a ser olfateada por el periodismo nacional. Aquí radica la primera aportación del grupo interdisciplinario que logró el registro de una pléyade de voces insólitas, captadas desde recónditos lugares semejantes a los de un rodaje cinematográfico. Pero no son las chicas de James Bond ni los ángeles de Charlie, que palidecerían ante estas *jefas* de carne y hueso: *mujeres de arranque*, decisivas, que han desenfundado el coraje, la inteligencia, la sagacidad... y las armas. No han elegido el oficio por placer a la violencia (el muestreo de investigadores y autoras de este libro señalan que son menos proclives a las prácticas sangrientas que los hombres); han ingresado al medio de las drogas por su paupérrima condición social como madres solteras, trabajadoras en el sector de servicios; en la mayoría de los casos no han decidido el giro de la brújula de su vida voluntariamente, porque nacieron en el seno del mundo del narco como crece de manera natural una amapola.

Sandra Ávila es, en ese sentido, un ejemplo emblemático de la herencia familiar, que se perpetúa durante generaciones, porque ella no eligió desarrollarse en el seno de una familia dedicada a los multinegocios (en la legalidad o en ilegalidad, como el lavado de dinero); nació rodeada de armas de alto poder y con parentescos de hondas raíces narcas brotadas de su árbol genealógico. La herencia desde la infancia es una de las historias testimoniadas en estas investigaciones por una de mujer que nació, y creció, bajo el techo de una familia narcotraficante.

En *Las jefas del narco* se pone en evidencia que las ramificaciones que emparentan con el negocio nuestro de cada día —ya es una práctica nacional— son perennes e inimaginables, porque cultivar y procesar drogas en Sinaloa es como cosechar uvas en Bordeaux, Francia. La experiencia reveladora surgida de las voces incendiarias en los trabajos de este libro es un gran acierto de los autores porque han sido registradas desde espacios inaccesibles para entes ajenos al medio sinaloense, lo cual permitió develar narraciones inauditas. La gran aportación de *Las jefas del narco* se cimienta precisamente en la regionalidad y la familiaridad de cada uno de los participantes oriundos de la región del Pacífico; por primera vez se congregan las visiones sinaloenses (fuera del perímetro local) desde el mundo narco que han observado cotidianamente.

Un rasgo distintivo de este trabajo es la percepción de la mujer sinaloense, que de entrada rompe una amplia tradición nacional en que la visión de género sobre la realidad narcotraficante se caracteriza por su ausencia; con autorías excepcionales, como el trabajo periodístico de Anabel Hernández, *Los señores del narco*, en el que incluso hay un asomo a casos de mujeres relacionadas con miembros de algún cártel. Es la primera vez, fuera de la tierra del aguachile y el chilorio que las mujeres se congregan en un libro, con sus percepciones sobre féminas posicionadas en la empresa narcotraficante; en los centros de poder de ciudades como Juárez, y naturalmente en regiones rurales y urbanas de Sinaloa.

La interacción femenina con el negocio de la distribución de estupefacientes documentada en los presentes reportes asombra por la multiplicidad de niveles de participación, que van del narcomenudeo hasta el control del cártel local. Pasando por alto los roles de la mujer como objetos de decoración, que siguen persistiendo, o de esposas que colaboran desde la complicidad —obligada o voluntariamente—, y los papeles secundarios de amantes o segundos frentes, en las jefas del narco coexisten diversos estatus de poder —como una gran variedad de *lipsticks*— en los que las féminas han alcanzado el empoderamiento como *jefas*.

La violenta realidad nacional nos ha internado por los caminos de Alain Touraine y su sociología de la acción y nos ha orillado a desempeñar *el oficio de sociólogo* bajo las premisas de Pierre Bourdieu, arrojándonos a una realidad latente que nos ha convertido en narcólogos. Con estos marcos de interpretación —entre otros— "operaron" los autores académicos formados en la UAS para incursionar en el fenómeno de *las jefas*: una narcocultura femenina emergente en el siglo XXI. Pero también el recurso periodístico contribuyó a reconstruir lo que Renato Leduc llamó la "historia de lo inmediato", a través de entrevistas y crónicas con las que autores y autoras plasmaron voces iracundas, pero también cubiertas por la sensibilidad de madres o abuelas. Incluso fueron más allá de la interpretación académica del "objeto de estudio", adentrándose en la sierra sinaloense, experiencia comparable a la "observación participante" con la que emprendieron sus investigaciones Oscar Lewis, viviendo en el barrio de Tepito para escribir *Los hijos de Sánchez*, o el maestro Jorge Bustamante, cruzando el río Bravo en calidad de *mojado*, para escribir *Cruzar la línea*.

El instinto periodístico de Günter Wallraff parece haber guiado los testimonios de *Las jefas del narco* con su método, que le propinó una bofetada a la conciencia (o inconciencia) racista alemana, al disfrazarse como turco con el pelo y el bigote teñidos, y con pupilentes, para vivir en carne propia la condición de ciudadano despreciado por la sociedad alemana (véase su libro *Cabeza de turco*). En lo alto de la mítica sierra sinaloense los cronistas que dieron origen a este proyecto no se tipificaron como sicarios o lugartenientes para poder llegar a la cima prohibida, pero vivieron la adrenalina de la "observación participante" en "una pequeña fiesta donde habría carnitas asadas de venado y algunas cervezas", bajo la detonante palpitación de los cuernos de chivo…

El estado de ebullición también fue experimentado por la autoría que testimonió la entrevista con una de las presidiarias más rudas, ante la advertencia de una rea: "Ni se te ocurra ir con ella, capaz que amaneces en pedacitos". La condición de narcopresas es la antítesis de las jefas del narco, pues aquéllas no son recompensadas por la opulencia y el beneficio financiero: o son presas o son muertas. Para *Amalia* fue debut y despedida trasladar un paquete con heroína ajustado con cinta canela a la altura de su cintura; fue detenida en el aeropuerto cuando se dirigía a Tijuana; su candidez y su necesidad económica le han costado 10 años de condena tras las rejas.

La diversidad de estos testimonios muestra verdaderos retratos del desafío dibujados por las arrebatadoras buchonas con su estética *kitsch*, estigmatizadas por una sociedad clasista como consecuencia de su involuntario hibridismo, en que se condensan la herencia rural de la sierra y el toque *fashion* cosmopolita: Armani, Versace, Dolce & Gabbana; expresión *art narcó* —o *art nacó*—, la definirían los narco *juniors* formados en Harvard. Las pretensiones buchonas con actitudes de nuevas ricas son variantes de una diversidad femenina que atrapa, sacude y voltea hacia distintas realidades narcoféminas, como las *chukis nice*, pertenecientes a la tribu "sin tetas no hay *paradise*" por sus aspiraciones cazanarcos (buchones). *La Narcomami, la Comandante Bombón, la Doña*, son formas de una compleja movilidad social femenina que pisa terreno firme en el narco: piloteando avionetas con destreza y sobresaliendo entre varones como narcoempresarias, con título universitario. Es el caso de *Sofía*, la joven operadora financiera en Estados Unidos, en la frontera Texas–Ciudad Juárez, quien se ausentó para siempre un día antes del cumpleaños de su padre para dejar de ser la luz de sus ojos; la cruda factura que el narco no perdona. Coatlicues de la guerra, la muerte y la fertilidad, *princesas pisteadoras, traficantes, poderosas*, bellas y seductoras, no todas son narcobizcochos sino también narcoabuelas o madres solteras (con tres bebés), que no se sujetan al dinero de tres esposos. Han irrumpido hasta en los narcocorridos alterados como protagonistas, algunos interpretados por ellas mismas.

Por lo demás, en la actualidad *las jefas* se acrecientan de diversas maneras desde los suelos sinaloenses hasta la tierra de Ciudad Juárez, e incluso el Estado de México. En esta perspectiva, sus voces hacen eco desde la clandestinidad, arrojando verdades con su carácter incisivo: "La sangre llama más violencia, jamás, óyelo bien, jamás van a terminar con las drogas y el narco, sino que ellas están terminando con nosotros […] somos todos responsables. Yo con mi gente y los políticos haciendo de las suyas, y la gente dejándose", dice una de las mujeres entrevistadas por José Carlos Cisneros Guzmán.

Es claro que el escenario emergente de las jefas del narco seguirá desentrañándose; el punto de partida ya lo han fincado sustancialmente los autores congregados en esta obra.

Introducción

ARTURO SANTAMARÍA GÓMEZ

I

Este libro habla acerca de mujeres que se han involucrado en el narco o que han vivido en ese medio. Mujeres niñas, mujeres adolescentes, mujeres maduras que han experimentado el mundo del narcotráfico en toda su profundidad: el poder, la riqueza, la ostentación, la violencia extrema, el desafío a lo establecido; pero también la angustia, la persecución, la cárcel, la soledad y la muerte. Mujeres que, desde el crimen organizado, también rompen paradigmas tradicionales e incursionan en terrenos que se creían exclusivos de los hombres. Estas mujeres están construyendo nuevos escenarios donde ya abunda una generación entera de jefas del narco.

Es cierto que las mujeres mexicanas ya han escalado alturas antes insuperables, pero en esa lucha y en esa búsqueda no olvidaron cavar túneles que incursionan en la ilegalidad. El pensamiento tradicional más conservador, por supuesto sin fundamento científico alguno, negaba la posibilidad de que hubiese depósitos de violencia en la naturaleza femenina o que tuviera inclinaciones delictivas. La época contemporánea ha demostrado que la sociedad puede ser construida en muchas direcciones; cualquier senda está abierta.

A pesar de algunos antecedentes importantes, fue hasta hace relativamente poco tiempo cuando la mujer se hizo visible en la delin-

27

cuencia organizada, en particular en el mundo de las drogas. Una revisión de los periódicos sinaloenses, por ejemplo, nos daría datos e imágenes de este profundo cambio histórico de los papeles de la mujer en nuestra sociedad. En síntesis, durante la primera década del siglo XXI hemos presenciado el surgimiento de una figura clave: la *jefa del narco*.

Ahora bien, por otra parte, al menos en Sinaloa, no es del todo nuevo que las mujeres se hayan involucrado en alguna actividad relacionada con el cultivo y la venta de estupefacientes. Quizá por lo mismo Arturo Pérez-Reverte se haya inspirado en las mujeres sinaloenses para escribir *La Reina del Sur*, la novela más conocida sobre el narcotráfico mexicano. Y muchos años antes pudimos escuchar en la tradición oral y en los diarios de Sinaloa, así como en las novelas pioneras del *género narco*, cómo la mujer, en la sierra y en la ciudad, participaba en diversas tareas del cultivo de la amapola, en la elaboración de la goma de opio o en la siembra y venta de mariguana. En la novela *Nacaveva, diario de un narcotraficante*, escrita en 1967 en Culiacán, y publicada diez años después, su autor —anónimo, por cierto— describe a través de uno de sus personajes, al igual que lo que nos narraban padres y abuelos en pláticas cotidianas, la manera tan natural en la que familias enteras de la sierra sinaloense, y particularmente las mujeres, se involucraban en la elaboración de la goma de opio.

En el caso de Sinaloa, la participación de las mujeres en el narcotráfico se ha dado de forma prácticamente natural, como resultado inevitable de una larga tradición donde la producción y la comercialización de enervantes se convirtieron en un estilo de vida, en una cultura arraigada, interiorizada hasta la raíz por decenas de miles de hombres y mujeres, primero en las comunidades serranas y después en las ciudades. En Sinaloa, y probablemente en otras zonas del país, como Ciudad Juárez, el narcotráfico es, en efecto, una actividad delictiva con un profundo impacto en los ámbitos económico, político, policial y militar, pero es también un hecho social de añejas y complejas raíces culturales.

Sobre Ciudad Juárez, la urbe más azotada por la violencia del crimen organizado a lo largo del gobierno de Felipe Calderón Hinojosa, escribe Howard Campbell, académico de la Universidad de Texas en El Paso:

[En] Ciudad Juárez/El Paso […] la economía de narcóticos es tan grande y extensa que ha llegado a ser una parte "normal" de la vida diaria […] el narcotráfico a lo largo de la frontera de Estados Unidos y México es para miles de personas o incluso para quizá millones de personas un *modus vivendi*… [a tal grado que] un inspector de la aduana fronteriza llamó al tráfico de drogas como "una cultura de la frontera".[1]

Al igual que Ciudad Juárez, pero en vastas regiones serranas y en amplios sectores sociales de la costa y las ciudades de Sinaloa, el narcotráfico ha adquirido carta de naturalización a través de su larga y sólida legitimación social y cultural.

No es gratuito que se haya afirmado que Sinaloa, y de manera particular Badiraguato, en la sierra, sea la cuna del narcotráfico mexicano. Si situamos el nacimiento de la producción, comercialización y consumo de opio en los años veinte del siglo pasado, cuando inmigrantes chinos adquirían la goma que secreta la amapola en los pueblos de Badiraguato, entre los que sobresalía Santiago de los Caballeros, y la vendían para ser inhalada en los fumaderos de Culiacán, Mazatlán, Mexicali, Ciudad de México, San Diego, Tucson y otras urbes de Estados Unidos; o si aceptamos la versión ampliamente propagada, aunque no documentada, de que se masificó la siembra de la amapola en el mismo Badiraguato y otros municipios de Sinaloa por la demanda de las fuerzas armadas de Estados Unidos, que necesitaban heroína para mitigar el dolor de sus heridos en combate durante la segunda Guerra Mundial, entonces estamos hablando de 70 o 90 años. Si damos por cierto, además, el criterio de

---

[1] Howard Campbell, "El narco-folklore: narrativas e historias de la droga en la frontera", *Nóesis. Revista de Ciencias Sociales y Humanidades*, vol. 16, núm. 32, julio-diciembre de 2007, Universidad Autónoma de Ciudad Juárez, pp. 50-53.

que cada 25 años surge una generación, afirmamos que Sinaloa ha procreado entre cuatro y tres generaciones de narcotraficantes. A lo largo de ese tiempo, decenas de miles de mujeres han experimentado la vida de una comunidad, una familia, un negocio y una tradición *narca*.

Durante el comienzo del régimen político derivado de la Revolución mexicana, en los años veinte, surgió la primera generación *narca*. Alrededor del conflicto bélico mundial emergió la segunda. Entre los sesenta y setenta brotó la tercera, y la cuarta estaría en plena madurez y próximo relevo. En esta última es donde más visiblemente aparecen jefas del narco.

A lo largo de casi un siglo, esas generaciones han creado un imaginario profundo y extendido que ha legitimado culturalmente a los narcotraficantes entre cientos de miles de sinaloenses y, quizá, de millones en el país. Sus redes se sostienen por cientos de miles de personas, con el inmenso flujo económico que produce el tráfico ilícito de estupefacientes, el extenso empleo que genera la producción y la comercialización de drogas, la inversión en miles de negocios en las ciudades y en obras públicas que han beneficiado a cientos de comunidades rurales, la protección que han obtenido de políticos, policías y militares, las sociedades que han forjado con empresarios, los mitos y otros símbolos culturales que han surgido alrededor de ellos a través de la música, las creencias religiosas, la literatura, la arquitectura, la joyería, la pintura, los automóviles, la vestimenta y otras prácticas, así como la exhibición poderosa y sistemática del uso de la fuerza.

Para entender el papel cada vez más protagónico de las mujeres contemporáneas en el narcotráfico, es necesario conocer a las pioneras. La historia documentada nos dice que las tres primeras jefas del narcotráfico fueron Ignacia Jasso viuda de González, *la Nacha;* Dolores Estévez Zulueta, *Lola la Chata*, y Manuela Caro. La primera tenía su centro de operaciones en Ciudad Juárez; la segunda, en la Ciudad de México, y la tercera, en Culiacán. *La Nacha* y *Lola la Chata* tuvieron su auge en la década de los treinta del siglo anterior, y Manuela Caro en los años cuarenta. *La Nacha*, también conocida como "la reina fronteriza de la droga", y Manuela Caro traficaban principalmente goma de opio. *Lola la Chata*, "la reina del hampa en México", comerciaba cocaína y mariguana.

Manuela murió en la cárcel de Culiacán en 1978. *La Nacha*, a pesar de que estuvo presa en las Islas Marías durante varios años, murió en libertad a finales de los sesenta; ya muy vieja y casi ciega, en 1969 seguía vendiendo droga en Ciudad Juárez.

Lola la Chata, quien fuera considerada en los años cincuenta la "reina del hampa en México", cayó varias veces en la cárcel, incluyendo las Islas Marías; finalmente murió presa en la Ciudad de México. Dolores Estévez Zulueta (1908-1959) se inició como narcomenudista del entonces cártel de Ciudad Juárez y se convirtió en la emperatriz de la droga en la Ciudad de México durante el cardenismo y gran parte del sexenio siguiente. En Ciudad Juárez su esposo la inició en el negocio a través de la compraventa de cocaína, y muy pronto lo rebasó. A pesar de su talento para el contrabando y su capacidad para sobornar autoridades, fue recluida temporalmente en las Islas Marías, de las que sería liberada en 1955 para, entonces, relacionarse sentimentalmente y en el hampa con el agente José Trinidad Jaramillo.

La fama de esta narcotraficante fue tal, que escritores mexicanos y extranjeros la convirtieron en personaje de sus obras. El teatro mexicano de revista escenificó la comedia *Lola la Chata*, con los cómicos *Palillo, Borolas* y la actriz Evangelina Elizondo. Por otro lado, el afamado escritor estadounidense William S. Burroughs (1914-1997) hace aparecer a *Lola la Chata* en sus novelas *Junkie* (1953), *The Naked Lunch* (*El almuerzo desnudo*, 1959) y *Ciudades de la noche roja* (1985).[2]

La Nacha, a pesar de su aspecto introvertido, según definen su personalidad periodistas juarenses, sabía tomar decisiones duras y

---

[2] Jorge García-Robles, *La bala perdida: William S. Burroughs en México, 1949-1952,* Ediciones El Milenio, 1995.

violentas, propias del narcotráfico. Por ejemplo, en 1947 fueron asesinados 11 chinos que traficaban opio en Juárez. La autoría intelectual se le adjudicó a *La Nacha*, aunque nunca se le pudo comprobar. A partir de ese momento la célebre narcotraficante se apropió de la ruta tendida entre la ciudad fronteriza y Culiacán, que ya desde entonces era el centro de operaciones de los productores y comercializadores de la goma de opio. *La Nacha* heredó el negocio a sus hijos y nietos, y creó la que posiblemente fue la primera familia mexicana que a lo largo de tres generaciones ha incursionado en el tráfico de drogas. De sus nietos, Héctor González, *el Árabe*, fue el que tuvo más participación en el negocio, pero con su muerte en un accidente automovilístico se quebró la línea familiar de narcotraficantes.

Alejandro Páez Varela, en "Historias del narcotráfico" (*Letras Libres*, noviembre de 2007), dice que *la Nacha* era "tanto bonachona como brava para defender el negocio". Para este periodista chihuahuense los enfrentamientos de la célebre mujer con inmigrantes chinos dedicados al narcotráfico son el inicio, hace casi 100 años, "de una larga guerra por la plaza que se extiende hasta el siglo XXI". Sobre esa disputa, Adriana Linares, en *La leyenda negra*, e Ignacio Esparza Martín, cronista de Ciudad Juárez, relatan que *la Nacha* "dio la orden de ejecutar a 11 inmigrantes, lo cual —además de la anterior captura de los principales cabecillas del cártel chino (Rafael L. Molina, Carlos Moy, Manuel Chon, Manuel Sing y Sam Lee), requerida por un juez— le permitió mantener el control de la venta de drogas hasta entrada la década de 1960".

La Nacha murió ya anciana en los años setenta, pero —según cuentan sus contemporáneos— fue querida y protegida por sus vecinos hasta su muerte en el barrio Bellavista, donde vivía. Los habitantes de ese poblado la consideraban caritativa y altruista. "Si la policía entraba a la colonia —escribe Páez Varela—, la sacaban de la casa para esconderla. Y allá iba la viejita, en brazos de uno y otro, de vecindad en vecindad, por pasillos y pasadizos, brincando azoteas, para escapar de los azules."

Manuela Caro fue la primera y más importante jefa del narco en la historia de Sinaloa. Ella, Gil Caro y Rafael Fonseca hicieron de la colonia Tierra Blanca el primer espacio urbano de la mitología del narcotráfico estatal. Este último fue el padre de Ernesto Rafael Fonseca Carrillo, alias *Don Neto*, tío de Rafael Caro Quintero. Al parecer, Manuela es la iniciadora de la estirpe Caro, de la que el célebre Rafael sería integrante de la tercera generación de narcos de la familia. Tanto Manuela como Rafael Fonseca y sus descendientes *Don Neto* y Rafael Caro Quintero nacieron en la población de Santiago de los Caballeros y sus alrededores, dentro del municipio de Badiraguato.

Luis Omar Montoya Arias, rescatando lo que escribió Ricardo Rodríguez en un artículo de la revista regional *Expresión. Presencia de Sinaloa* (enero de 1959), decía que Badiraguato, en la década de los cincuenta, "se caracterizó por ser la capital del opio, por concentrar casi todas las balaceras y por ende los asesinatos a causa del negocio prohibido. Haciéndose de fama mundial al grado de ser bautizados con su nombre una de las principales avenidas de Honk Kong y un restaurante exclusivo de Esmirna, Turquía".[3]

Por su parte, Luis Astorga, en *Mitología del narcotraficante en México*, y en *Drogas sin fronteras*, ha documentando abundantemente por qué fue Badiraguato el municipio donde se inició el cultivo masivo de la amapola. Este autor señala en la primera obra que los datos censales de Sinaloa en 1886 ya registraban el cultivo de la amapola en la sierra del estado, aunque no acepta que los inmigrantes chinos hayan sido quienes primeramente sembraron la flor, como han apuntado muchos investigadores con base en la tradición oral dominante en la entidad.

Otra mujer, de la que poco se sabe, María Elena Silveira, en Baja California —nos dice el investigador Luis Astorga[4] en su obra

[3] Luis Omar Montoya Arias, "El narcocorrido. Culiacán a través de su historia", *Revista Arenas de Ciencias Sociales,* núm. 11, primavera de 2007, p. 48.

[4] Luis Astorga, *Drogas sin fronteras*, Grijalbo, 2003. La información sobre las mujeres involucradas en el narcotráfico hasta 1960 procede en gran parte de esta obra.

Drogas sin fronteras— fue llamada la "reina de los narcóticos" a principios de los años sesenta. En este mismo libro, el autor rescata evidencias de mujeres mexicanas y estadounidenses que introducían una "considerable cantidad de narcóticos" a Calexico y San Diego, California. En un informe del cónsul de Estados Unidos en Mexicali, fechado el 26 de enero de 1923, se constata que las mujeres —incluso varias prostitutas— jugaban un papel importante en el tráfico de drogas hacia la ciudad vecina. Una de ellas, de nacionalidad estadounidense, era Sadie Stook. Quien también circularía entre Mexicali y Ciudad Juárez, ya en la década de los cuarenta y siendo socia de *la Nacha*, era Consuelo Sánchez o Consuelo Rodríguez, que pasó de la prostitución al tráfico de drogas entre México y Estados Unidos. En 1946, durante una década en la que actuaban *Lola la Chata,* Manuela Caro y *la Nacha*, en Calexico, Eloísa Higuera tenía su nicho del que partía regularmente rumbo a Los Ángeles para negociar la droga que sus socios tenían almacenada en la casa de la mujer mencionada.

Al parecer, el aumento del tráfico de goma de opio a Estados Unidos, a través de California y Texas, durante la segunda Guerra Mundial, contribuyó a que la mujer tuviera un papel más activo en el crimen organizado. Las noticias de mujeres detenidas o buscadas en ese periodo son más frecuentes que en las dos décadas anteriores. Por ejemplo, Julia González Nieblas, María Cázares y cinco socios suyos, quienes habían partido de Mazatlán con 46 latas de opio, fueron detenidos en Puerto Peñasco, Sonora, en 1946, antes de llegar a la frontera. Tres años antes, en Mexicali, dos hombres y Rosario Salazar, Aurelia Beltrán, Micaela de la Rocha y Braudelia Beltrán, fueron apresados por cargar seis kilos de opio crudo. En 1947, en Guadalajara, a Josefina Isabel Rodríguez le decomisaron 30 kilos de opio y cuatro de heroína. Sus socios eran el refugiado español José Álvarez Cantín y Vicente A. Román, empresarios muy conocidos de la ciudad; el primero era propietario de una de las principales destilerías de tequila del estado.

Si bien *Lola la Chata* ya era una connotada traficante desde los años treinta, a partir de los cincuenta en la Ciudad de México el consumo de drogas es más frecuente y de igual manera se hacen más visibles otros grupos delictivos. El 26 de septiembre de 1959, por ejemplo, fueron detenidos en un laboratorio cuatro hombres de nacionalidad cubana, seis varones mexicanos y cinco mujeres mexicanas: María Cristina Rocher Torres, Rosa Torres de Rocher, Ofelia Villanueva Gutiérrez, Olga Trad viuda de Caballero y María Elena González Álvarez. En otras ciudades menos relacionadas con la producción de drogas en años previos, se localizaron laboratorios clandestinos a partir de los años cincuenta y fueron apresadas diversas mujeres que trabajaban en ellos. En Cuernavaca fueron detenidas María Teresa Montaño, en 1960; en Monterrey, Mercedes Ponce Acevedo, en 1958, y en Ayutla, Jalisco, en 1955, tres mujeres que trabajaban con el capo Alfonso Jiménez.

Otra mujer que desempeñó un papel muy importante en el mundo del crimen organizado en la misma época de las pioneras fue Virginia Hill,[5] de nacionalidad estadounidense, quien fue conocida por el FBI como *la Reina de la Mafia*. Esta persona, de gran belleza y sagacidad, se convirtió en amante de poderosos capos de la *Cosa Nostra*, como Benjamin Siegel, quien trabajaba bajo las órdenes de Lucky Luciano, contemporáneo de Al Capone.

Virginia Hill sedujo a numerosos hombres encumbrados en el gobierno del presidente Miguel Alemán para que la mafia hiciera negocios con ellos y, sobre todo, les abriera las puertas para el tráfico de goma de opio de México a Estados Unidos. En realidad, fue la mafia estadounidense, junto con los oficios y la complicidad de políticos alemanistas como el líder del senado Carlos I. Serrano y el capitán Luis Amezcua Torrea, del Estado Mayor Presidencial, quienes, durante la segunda Guerra Mundial, masificaron el tráfico de la goma de Sinaloa, Durango y Chihuahua a Estados Unidos, y no el ejército estadounidense como se ha dicho en numerosas obras periodísticas y literarias. El personaje central en la compra de dro-

---

[5] La información sobre este personaje procede del libro *La Cosa Nostra en México*, de Juan Alberto Cedillo, Grijalbo, 2011.

gas en Sinaloa, a lo largo de esa coyuntura estratégica para el desarrollo del narcotráfico entre México y Estados Unidos, fue Max Cossman, conocido como *el Rey del Opio.* Su principal vendedor en la cuna del narco era el célebre Rodolfo Valdez, alias *el Gitano,* más conocido en la historia regional de Sinaloa por haber asesinado al gobernador Rodolfo T. Loaiza —cuando bailaba con la reina del carnaval de Mazatlán de 1944— que por el tráfico de drogas.

La Reina de la Mafia desempeñó un papel clave en esa empresa al obtener información confidencial, conseguir protección política y policial, legitimar socialmente en México a los capos estadounidenses, trasladar dinero al norte de la frontera, etc. Virginia Hill fue tan hábil y seductora que llegó a la alcoba del presidente Miguel Alemán. Desde ese aposento, la mafia tenía garantizados muchos negocios.

Para Juan Alberto Cedillo, el estudioso de la *Cosa Nostra* en México,

Amezcua, Blumenthal, Serrano y Hill conformaron la cúpula del narcotráfico entre México y Estados Unidos a finales de los cuarenta. El destino los había juntado para que desde las más altas esferas del poder político trazaran un sendero, todavía en uso, por donde México suministró narcóticos en gran escala al creciente mercado de nuestro vecino del norte.

Virginia Hill murió lejos de Estados Unidos y México, "semienterrada por la nieve" —escribe Cedillo— en Austria, a las 8:30 de la mañana del 24 de marzo de 1966.

En los años sesenta, cuando se extendía profusamente el consumo de drogas en Estados Unidos, México y otros países del mundo, como parte de la primera revolución cultural y juvenil que inventó la humanidad, de una lista de ocho narcotraficantes considerados de primer nivel para Estados Unidos y México, había una mujer: Ignacia Jasso, alias *la Nacha,* la jefa en Ciudad Juárez, pero en esos años no aparece ninguna sinaloense.

A pesar de que en la siguiente década, los setenta, los narco-corridos ya hablaban de mujeres que trasladan droga a la frontera con Estados Unidos —*Mujeres contrabandistas* (1970), *Pollitas de cuenta* y *Camelia la Texana* (1973)—, a lo largo de esa decena, y las dos siguientes, las damas que aparecen más abiertamente relacionadas con los narcotraficantes son las reinas de belleza. Incluso antes de los sesenta, Kenya Kemmermand Bastidas, quien años antes había sido Señorita Sinaloa, fue hallada muerta en 1958, en Sicilia, Italia. La bella mujer se había casado con Vittorio Giancana, miembro de una familia de largo linaje mafioso. Ana Victoria Santanares, también Señorita Sinaloa en 1967, se ligó sentimentalmente con Ernesto Fonseca Carrillo, el poderoso narcotraficante de los años ochenta. En 1977, Enedina Arellano Félix, quien se convertiría años después en gran jefa del narco, a los 16 años, soñó en convertirse en reina del carnaval de Mazatlán. Estuvo a punto de serlo, pero sus hermanos le pidieron que no compitiera porque Ramón y Benjamín Arellano Félix ya eran buscados por la policía en México y Estados Unidos. Aun sin ser todavía capos importantes, en los setenta los Arellano se cobijaban bajo el manto de Miguel Ángel Félix Gallardo, entonces jefe de jefes del narco mexicano.

Ya en los ochenta, específicamente en 1988, el famoso Manuel Salcido, *Cochiloco*, de quien se tomara su apodo para la película sobre el narco titulada *El infierno* (2010), también quiso que una hermosa chica, Rosa María Zataráin, se convirtiera en soberana del carnaval pero no lo logró. Lo que sí pudo hacer es que el día del desfile sus pistoleros impusieran que su protegida apareciera por delante de la reina, Rebeca Barros de Cima, violentando el ritual caranavalesco.

Si Enedina Arellano Félix no pudo ser reina del carnaval de Mazatlán, su hermano Francisco Rafael sí tuvo la suya, porque se la *robó*, y después se casó con ella. Rocío del Carmen, a los 17 años, en febrero se convirtió en reina del carnaval; a finales de mayo, poco después de cumplir los 18, el mayor de los Arellano se la llevó a Tijuana para casarse con ella. Rocío del Carmen fue la primera reina en ganarse las ocho columnas de un periódico de la Ciudad de México. El 2 de junio de 1990, el diario vespertino *Ovaciones*, con grandes letras informó: "Secuestraron a la reina del carnaval de Mazatlán". Ya convertida en la señora Arellano, Rocío del Carmen tuvo que abdicar a su trono para que fuera ungida Libia Zulema Farriols, hija de la primera Señorita México nacida en Sinaloa.

A pesar de que Francisco Rafael Arellano anteriormente ya había estado en la cárcel, y de que Mazatlán entero sospechara que sus negocios eran *lavaderos* de dinero ilegal, había en los diferentes círculos sociales del puerto una mezcla de admiración, respeto, temor o indiferencia por sus actividades. Incluso, Francisco Rafael fue nombrado empresario del año en Mazatlán. Tres años después de que se convirtiera en la reina del carnaval, Rocío del Carmen se esfumó del puerto con su esposo. En mayo de 1993, el nombre de la familia Arellano Félix se hizo mundialmente famoso porque se les acusaba de ser los autores de la muerte del cardenal Juan Jesús Posadas Ocampo, aunque nada se les comprobara.

De todas las reinas de belleza sinaloenses ligadas con narcotraficantes, Laura Zúñiga Huízar ha sido la más conocida. Al ser detenida por la policía, su imagen se difundió en muchas partes del mundo. La televisión, las páginas de la red global y de numerosos periódicos y revistas del mundo dieron a conocer su bella figura y un número de presidiaria, una vez que se le detuvo al lado de su novio, el narcotraficante Ángel Orlando García Urquiza. Laura había sido elegida Señorita Sinaloa en 2008 de manera muy oscura; es decir, se sospecha que, como en otras ocasiones, hubo presiones y dinero ilícito para imponerla como reina.

La enorme importancia que había adquirido el narcotráfico mexicano en el nuevo siglo, convirtiéndose a partir de 2006 en el primer tema de la agenda presidencial de Felipe Calderón, instalaba las pantallas y abría los escenarios para que se conociera con mayor frecuencia el papel ascendente que jugaban las mujeres en el crimen organizado.

Tres años antes de que se conociera públicamente el nombre de Sandra Ávila Beltrán, *la Reina del Pacífico* —el primer personaje femenino del narcotráfico posterior a las pioneras—, en 2002 Arturo Pérez-Reverte dio a conocer a la ya célebre Teresa Mendoza en su novela *La Reina del Sur*. En esta obra de ficción, convertida a la televisión en 2011, el escritor cartaginés revela que algunas mujeres sinaloenses involucradas en el narcotráfico ya no eran meros trofeos de belleza de los jefes de esa actividad. Habiendo recogido testimonios y opiniones de mujeres y hombres de Culiacán, y después de haber paseado sus ojos y oídos en cantinas y calles de la capital sinaloense, el agudo observador de muchas guerras y conflictos sociales percibió el ascendente papel protagónico de las mujeres sinaloenses en el mundo del narco. Es por eso que, cuando es apresada Sandra Ávila Beltrán, bella, segura, cautivadora y desafiante en su plena madurez, se asocia dentro y fuera de Sinaloa con Teresa Mendoza, *la Reina del Sur*. Se dijo en medios periodísticos, cafés y cantinas de muchas partes, sin ninguna prueba de por medio, que, en realidad, Pérez-Reverte se había inspirado en Sandra Ávila, y de ahí el mote de *la Reina del Pacífico*.

Al margen de lo anterior, lo cierto es que esta mujer fue presentada por las autoridades mexicanas como la primera jefa del narcotráfico mexicano del siglo XXI. Sandra Ávila, en el libro que escribió Julio Scherer García sobre ella, no niega ser parte de la sociedad *narca*, pero sí rechaza ser integrante de cártel alguno y tener responsabilidades de mando. Por lo pronto, en agosto de 2011 esta afamada mujer fue absuelta de un segundo cargo, y espera superar un tercero y último. De cualquier manera, *la Reina del Pacífico* confirma la larga historia que tiene el tráfico de enervantes en Sinaloa. Ella es parte de la tercera generación de familiares dedicada a esa actividad. Sandra, al igual que varios de los personajes entrevistados para este libro, nació, creció y formó su visión del mundo en el seno de una familia de narcotraficantes.

Una mujer de la que se tenían más noticias y era ampliamente conocida en Culiacán, aun antes que la señora Ávila Beltrán, era Blanca Margarita Cázares Salazar, *la Emperatriz* del cártel de Sinaloa.

El 12 de diciembre de 2007 Margarita Cázares, descrita por Ismael Bojórquez, director del semanario sinaloense *Ríodoce*, como una mujer "afable, generosa, bonita ranchera... güerita que usaba ropa apretadita... [y] era muy guapa en esos años", fue acusada por el Departamento del Tesoro del gobierno de Estados Unidos de ser una de las responsables de *lavar* el dinero que generaban los negocios ilícitos del capo *el Mayo* Zambada.

Margarita, también conocida por su carácter recio y su habilidad para los negocios, apenas saliendo de la adolescencia, a los 18 o 20 años de edad, inició su trayectoria en el manejo del dinero cambiando dólares en los alrededores del Mercado Buelna, en Culiacán. No pasó mucho tiempo para que abriera su primera casa de cambio, la cual fue significativamente bautizada como Oro Verde. Posteriormente estrenaría Servicios de Cambio Culiacán y Servicio de Cambio Cuquis. El Departamento del Tesoro de Estados Unidos también tenía en su lista a la Casa de Cambio Cázares. Otras empresas suyas, las importadoras Brimar's, Cazper y Patraca, seguían funcionado aun después de la revelación del gobierno estadounidense. En 2008, el gerente de las empresas declaró importar de China 40 millones de dólares en mercancía. En total, el Departamento del Tesoro contabilizaba a 19 empresas pertenecientes a la señora Cázares, distribuidas en Sinaloa, Baja California, Jalisco y el Distrito Federal.

Pocos meses antes de que se boletinara a Margarita, en febrero de 2007, el hermano de *la Emperatriz*, Víctor Emilio Cázares Salazar, fue señalado por la DEA y el Departamento del Tesoro como un capo que masivamente vendía droga en California, Arizona, Nueva York e Illinois. Había introducido 20 toneladas de cocaína a Estados Unidos entre 2002 y 2007, y de su venta habría obtenido alrededor de 45 millones de dólares. El hermano de Margarita fungía como abogado cuando su nombre fue revelado a la opinión pública al ser detenidos 402 individuos ligados al cártel de Sinaloa. Una corte federal en California ordenó su captura para ser juzgado por los delitos de tráfico de drogas y *lavado* de dinero. Ese golpe desprotegía a *la Emperatriz* y anticipaba lo que vendría el día de la Virgen de Guadalupe, venerada por Margarita.

El Tesoro estadounidense la llamó *la Emperatriz* quizá porque la DEA denominó "Imperial Emperor" a la operación para detener a su hermano. Las empresas de Margarita Cázares eran administradas por sus dos hijas, su yerno, su hijo Arturo Meza Cázares y Arturo Meza Gaspar, quien fuera su esposo. El único hijo de Margarita caería abatido a balazos en Culiacán el 19 de mayo de 2008, a un lado de su amigo Édgar Guzmán López, hijo de Joaquín *el Chapo* Guzmán.

El periodista Juan Veledíaz, enviado del periódico *El Universal*, en un excelente reportaje fechado el 7 de febrero de 2009, la describió con base en testimonios de personas que la conocieron como

> una mujer de 54 años, dinámica, generosa y madre de tres hijos [que se] inició muy joven como comerciante ambulante de dólares en […] una zona que cronistas locales llaman la lavandería al aire libre más grande de Latinoamérica; agricultores de goma de opio y mariguana solían llegar aquí desde sus pueblos en la sierra para cambiar por moneda nacional la divisa que recibían como pago por sus cosechas.

La Chiquis, como la conocía la población local, desapareció de Culiacán en el momento en que el Departamento del Tesoro la inscribió en su lista negra y arreció la guerra del narco.

Los hermanos Arellano Félix quizá conformen la familia más conocida del narcotráfico mexicano. Son numerosos los grandes capos que nacieron en estirpes ligadas de diferentes maneras al narco y que han incorporado a sus hijos al cártel encabezado por ellos, pero a pesar del linaje de los Carrillo Fuentes, Zambada, Guzmán, Caro, Quintero, Beltrán, etc., los hermanos Benjamín, Eduardo, Ramón, Francisco Javier, Francisco Rafael y Enedina, así como sus hijos, constituyen el núcleo familiar no más poderoso sino el que ha procreado a la primera mujer que, en la época actual, desempeña un papel relevante en uno de los cárteles de la droga más importantes de México.

Diferentes versiones periodísticas y gubernamentales le conceden a Enedina —también conocida como *la Jefa, la Madrina* y *la Narcomami*— la jefatura del cártel de Tijuana, pero otras fuentes de la ciudad fronteriza ubican el liderazgo en Fernando Sánchez Arellano, sobrino de Enedina. A pesar de que la hermana de los capos Arellano Félix quizá no sea la jefa del cártel de la familia, sí desempeña un papel estratégico dentro de la organización: es responsable de las finanzas. Para el periodista Ricardo Ravelo, quien ha escrito en abundancia sobre el narco, "no existe en el mundo ninguna organización con carácter mafioso en la cual una mujer tenga tanto poder como Enedina". En el análisis de este periodista, Enedina, quien nació el 12 de abril de 1961 en Mazatlán, Sinaloa, es la jefa del cártel de Tijuana; para Diego Valle Jones, analista radicado en la frontera, *el Ingeniero*, hijo de esta mujer, es el verdadero líder.

Lo cierto es que esta dama, caracterizada como discreta, calculadora, reservada e inteligente, a diferencia de sus hermanos que eran muy violentos, unos, y otros poco discretos, con un perfil más bien de empresaria, se sienta en la mesa de decisiones del cártel. Enedina Arellano Félix, sin proponérselo, dice el reportero Daniel Blancas, del diario *El Nacional* (30 de septiembre de 2007),

> está cambiando la imagen y el papel de las mujeres que por circunstancias de la vida o por voluntad propia se suman a las filas del narcotráfico, ya que por lo general "las narcos" prestan favores sexuales y sentimentales a los capos de la droga. No obstante, en el caso de la jefa del cártel de Tijuana la situación es opuesta: la que manda es ella; convirtiéndose en una de las figuras más influyentes del crimen organizado tanto en su natal México como fuera de sus fronteras.

Asimismo, agrega Daniel Blancas, el gobierno encabezado por Felipe Calderón ha informado que la señora Arellano Félix también es la responsable de las alianzas con otras organizaciones criminales.

Un reportaje del diario bajacaliforniano *El Imparcial* (23 de enero de 2010) resaltó las capacidades empresariales de *la Jefa* al narrar cómo

> tras la caída de Jesús Labra Avilés, *el Chuy*, en 2000, quien era el cerebro financiero del cártel de Tijuana —durante su etapa de esplendor se invirtieron grandes cantidades de dinero en proyectos comerciales en la zona Río, casas de cambio y hoteles en Tijuana—, Enedina entró al relevo de Labra y apuntaló los negocios de la organización, por aquel tiempo en riesgo de irse a la quiebra ante los embates policiacos y militares.

Con Enedina iniciaría la expansión financiera del cártel de Tijuana, al grado de que el Departamento del Tesoro de Estados Unidos, en 2005, alertó al gobierno mexicano para que asegurara 25 empresas vinculadas con el *lavado* de dinero de la familia Arellano Félix. Al lado de Enedina sobresalió Ivonne Soto Vega, *la Pantera*, destacada integrante del cártel de los hermanos Arellano Félix. *La Pantera* era responsable de una red de casas de cambio y de *lavado* de dólares. Según el Departamento del Tesoro de Estados Unidos, *lavó*, antes de ser detenida en 2003, más de 120 millones de dólares durante casi tres años.

Sin tener la importancia, las relaciones y el poder que exhiben Enedina Sánchez Arellano y Sandra Ávila, al sur del país, en Nezahualcóyotl, Estado de México, hubo otra mujer que también construyó su pequeño reino de las drogas: Delia Patricia Buendía, mejor conocida como *Ma Baker*.

Nacida en julio de 1957 en la Ciudad de México, *Ma Baker* se crió en Tepito y se dice que de ahí huyó porque presuntamente asesinó a dos competidores en la venta de droga. Con la *Ma Baker*, escribe el reportero Francisco Gómez en *El Universal* (10 de mayo de 2006), el cártel de Neza

> se consolidó como una organización criminal que lo mismo pagaba protección a policías corruptos, que ordenaba su muerte, como

el caso del comandante Guillermo Robles Liceaga. O bien adquiría negocios como la arena de lucha libre de Neza. El poder corruptor de *Ma Baker* llegó incluso hasta las altas esferas del Poder Judicial Federal, ya que en su momento el ex procurador general de la República, Rafael Macedo de la Concha, reveló la existencia de nexos de esta mujer con un magistrado del Estado de México.

Finalmente, *la Ma Baker* fue detenida el 17 de mayo de 2002 y murió en 2006, a los 54 años de edad, de un cáncer digestivo.

Otras mujeres a las que también se les identifica como jefas del narco son las hermanas Amezcua Contreras que según la reportera del semanario tijuanense *Z* (núm. 1886), Carolina Hernández Tripp, lideran el cártel de Colima, tras la detención en 2001 de Jesús y Adán Amezcua Contreras. Ema, Patricia y Martha lograron un amparo federal y están libres.

II

Al iniciar el siglo XXI se observó en el ámbito nacional un cambio dramático en la población femenina en la cárcel. En la última década del siglo anterior el delito que con más frecuencia cometían las mujeres era el robo. En la nueva centuria, sobre todo a partir del inicio de la *guerra de las drogas* que emprendió Felipe Calderón desde el comienzo de su gobierno, las mujeres, en su gran mayoría, son llevadas a prisión por delitos contra la salud. Gran parte de las reclusas son jóvenes, pobres, con un bajo nivel de escolaridad, y muchas de ellas son madres solteras. La guerra del narco empujó a miles de mujeres a sumarse masivamente a las filas de la delincuencia organizada. La generalidad, entrando de relevo por sus parejas, padres o hermanos. Entre ellas abundan las mujeres jóvenes, muy jóvenes; muchas menores de edad. Por si fuera poco, casi todas son muy decididas, ambiciosas, con carácter fuerte y voluntad sólida. Las pocas o nulas oportunidades que se les presentan en la sociedad mexicana las arrojó a esas actividades ilícitas y ahí el país ha perdido mucho. De haber ante sí una sociedad más equilibrada podían haber sido líderes en muchos campos constructivos.

En 2009, según el Centro de Estudios para el Adelanto de las Mujeres y la Equidad de Género de la Cámara de Diputados, 1 490 mujeres, o casi 60% del total de las presas en el país, estaban sentenciadas por delitos contra la salud. Una década antes permanecían recluidas 876 mujeres, o 12% del total, por delitos relacionadas con el narcotráfico.

Rocío García Gaytán, presidenta del Instituto Nacional de la Mujer (Inmujer), coincide con las cifras de la Cámara de Diputados y añade que la mayoría de las mujeres se relaciona con el tráfico de drogas por causas diferentes a las de los hombres: de ese 60%, casi la mitad está por haber introducido droga a un reclusorio masculino. "¿Qué lleva a la mujer a cometer ese delito? ¿El amor? ¿La relación familiar? Si le dicen a su hijo que si no entrega cinco pastillas lo van a matar, entonces, ¿qué hace? Y luego vayamos a los reclusorios de las mujeres para ver cuántos hombres están formados para visitarlas".

La situación que explica Rocío García Gaytán es cierta, pero olvida mencionar un hecho todavía más grave: es muy común que la esposa del narcomenudista continúe con el negocio de su consorte encarcelado. La mujer se ve obligada, en la mayoría de los casos, a proseguir con el negocio del marido porque es la fuente de ingresos que sostiene a la familia. Es decir, hay una estricta racionalidad económica que impele a la mujer de un narco preso a proseguir con la misma actividad, llevándole droga a su pareja a la cárcel más que para su consumo para la venta en prisión, y también vendiéndola en la calle o traficándola en grande. Muchas de estas mujeres incursionan en el narco más por el *modus vivendi* heredado por la pareja que por impulso propio.

En 2007, según el estudio de la Cámara de Diputados, el Distrito Federal, Baja California, Sonora, Jalisco y Guanajuato eran las entidades con mayor cantidad de reclusas. Estos cinco estados concentraban casi la mitad de las presas por delitos contra la salud de todo el país. La mayoría de ellas tenía entre 20 y 45 años. En 2009 había 11 376 mujeres encarceladas, de las cuales 70% purga penas por delitos contra la salud; además, 46% de las mujeres de entre 58 y 82 años de edad estaban detenidas por tráfico y consumo de drogas, y tenían en promedio una sentencia de 12.5 años.

De 2007 a 2010 se había incrementado 400% el número de mujeres encarceladas en el conjunto de la República por delitos contra la salud, según cifras del Inmujeres, y se había dado una variación en la lista de los estados con más mujeres detenidas por ese mismo ilícito. Para confirmar estas dramáticas cifras, la presidenta del Instituto Sinaloense de las Mujeres, Margarita Urías Burgos, reveló en 2010 que 30% de las mujeres que fueron asesinadas en la entidad a lo largo de los primeros cinco meses de ese año estuvieron relacionadas con el crimen organizado. Jalisco, Nayarit y Sinaloa son tres de los estados donde con más frecuencia y abundancia caen las mujeres en prisión por delitos contra la salud. Para confirmar el papel cada vez más protagónico de la mujer sinaloense en el narcotráfico, la abogada Karla Michel Salas Ramírez, en una visita que hizo a Culiacán, el martes 6 de septiembre de 2011, informaba que en Sinaloa asesinaban a una mujer cada tercer día. Del 1º de enero a inicios de septiembre de 2011 habían sido ultimadas 75 mujeres en la entidad; no todas eran víctimas de su violencia, pero sin duda, por la forma en que murieron, según informes de la prensa, la mayoría sí tenían algún vínculo con él.

Los intensos enfrentamientos del cártel del *Mayo* Zambada y *el Chapo* Guzmán contra los Beltrán, en Sinaloa y Nayarit, éstos antiguos aliados de los primeros, y ahora unidos a *Los Zetas*, explicarían la mayor participación de la mujer dentro del narco en esos territorios y su postrer encarcelamiento. Los miles de narcotraficantes muertos en los combates que han sostenido esas organizaciones empujaron a cientos de mujeres a entrar al relevo.

La llamada *guerra del narco* aceleró e hizo más evidente la incorporación masiva de las mujeres al conjunto de las estructuras del crimen organizado. Tal como se ha expuesto en esta introducción, si bien la mujer ha participado desde hace varias décadas en la producción, traslado y venta de drogas, relaciones políticas, así como en el *lavado* de sus ganancias, en el nuevo siglo —particularmente, de 2006 a 2007 en adelante— se sumó a las filas de los cuerpos de ejecución y secuestro, así como al mando de las decisiones financieras y organizativas de los cárteles.

El cártel más osado e innovador en sus prácticas criminales para incorporar a las mujeres ha sido el de *Los Zetas*. Este grupo, según la publicación virtual www.mundonarco.com, abrió una nueva sección de mujeres llamada *Las Panteras*. Una de ellas sería Ashly Narro López, *la Comandante Bombón*, supuesta jefa de la sección de mujeres en Nuevo León, quien fue detenida el 9 de febrero de 2011 en Cancún, por ser una de las sospechosas de haber asesinado al general Mauro Enrique Tello Quiñones, según la PGR.

Otra mujer presuntamente relevante en la estructura de *Los Zetas* es Ana Claudia Morante Villanueva, *la Contadora*, quien ha sido acusada de delincuencia organizada y privación ilegal de la libertad en su modalidad de secuestro. Según diferentes fuentes periodísticas, Ana Claudia, quien también es conocida como Consuelo Sáenz Manríquez o Karla Aracely Luna Bello, realiza trabajos de logística para *Los Zetas* y se encarga del alquiler de casas de seguridad.

Los Zetas, además de reclutar varones adolescentes, han sumado también a jovencitas de entre 14 y 19 años de edad, como lo revelan diferentes publicaciones periodísticas del país. En Jalisco y Tamaulipas a lo largo de 2011 hubo varios enfrentamientos en los que participaron mujeres adolescentes reclutadas por esa banda. En uno de ellos, el 16 de junio, policías de Jalisco mataron a seis supuestos delincuentes y detuvieron a otros 10; dos eran mujeres menores de edad y las otras cuatro tenían entre 19 y 21 años. Una de las adolescentes, originaria de Ciudad Victoria, Tamaulipas, contaba con 16 años de edad y confesó a la policía local que era sicaria de *Los Zetas*, por lo cual percibía un salario quincenal de 12 000 pesos.

Los Zetas, más visibles que otros grupos, han agregado el último tramo que les faltaba a las mujeres para cerrar el círculo de los roles del narco: el de sicarias. Han trazado todos los demás: producción, cuidado de cultivos, encargadas de laboratorios, *lavado* de dinero, correos, trofeos o acompañantes hermosas, relaciones públicas, directoras de finanzas, responsables de logística y casas de seguridad, etc.; faltaba el papel de ejecutoras, pistoleras... sicarias. Ya se dio y seguramente se irá viendo en las otras organizaciones delictivas conforme se incorporen más mujeres y transcurre el tiempo.

Si se revisa la historia de varios de los capos más importantes del narco mexicano, por lo menos desde Miguel Ángel Félix Gallardo hasta Joaquín *el Chapo* Guzmán, han pasado por la escuela de las armas. Ahí se foguean y templan los jefes más poderosos. Y de esa misma experiencia muy probablemente nacerán las nuevas jefas del narco.

III

En este libro se reúnen los trabajos de ocho autores originarios de Sinaloa, quienes, por medio de reportajes, narraciones y rigurosos análisis, nos entregan una de las primeras investigaciones acerca del papel que desempeñan las mujeres en el tráfico de estupefacientes, aportando así una pieza clave para interpretar el complejo fenómeno.

Es de destacar que el trabajo de campo se ha realizado en la cuna misma del narcotráfico mexicano, donde a diario se experimenta el riesgo y se conoce un nuevo dato, un hecho, una imagen o una escena relacionada con el crimen organizado. En Sinaloa el dominio del narcotráfico es creciente y cada vez atrae a más jóvenes y mujeres, algunas de las cuales detentan una amplia parentela ligada con grupos delincuenciales.

Al respecto, es significativo el capítulo escrito por Mayra Arredondo Guardado —reportera del diario *Noroeste* en Mazatlán y estudiante de ciencias de la comunicación—, donde se cuenta la historia de Brenda, una mujer que creció en una familia de narcotraficantes de tercera generación. No es difícil conocer a muchas mujeres como ella en Sinaloa, pero tampoco es fácil que accedan a platicar sobre sus vidas para una publicación.

La historia de la familia de Brenda confirma que en esa entidad el narcotráfico tiene una larga vida que data por lo menos de los tiempos de la Revolución mexicana. Con una narración sencilla y emotiva, Brenda testimonia cómo en muchas comunidades de aquella región se vive el narco con toda naturalidad. Las drogas, el dinero abundante, el lujo, la intensa relación de las mujeres bellas con los capos, las armas, la violencia y la muerte forman parte de la cotidianidad desde la infancia. Así como Brenda, miles de niñas y adolescentes sinaloenses son herederas de una larga tradición familiar donde no se conoce otra visión de la realidad más que la que les brinda el narcotráfico.

En otro capítulo revelador se abordan las nuevas conductas femeninas que ha generado la narcocultura. A ellas, Marco Alejandro Núñez e Ismael Alvarado, el primero estudiante de posgrado y el segundo investigador de la Facultad de Ciencias Sociales de la Universidad Autónoma de Sinaloa (UAS), les dedican un ensayo que analiza el estilo de vida y los gustos de un tipo de mujeres conocidas como *buchonas* quienes, a diferencia de las jefas del narco, son personajes que en lo fundamental actúan como compañía de capos, sicarios y *puchadores*. Son sus novias, amantes, trofeos o esposas, pero no son mujeres de mando y poder. Ellas han creado un estilo de comportamiento que se ha transmitido a miles de jovencitas dentro y fuera de ese medio. Así, es común que los fines de semana muchos salones de baile se inunden de *buchonas, buchones* y sus imitadores. Son ellos los mejores ejemplos del enorme contagio de la cultura *narca* tanto en Sinaloa como en otros estados del país.

Por su parte, José Carlos Cisneros Guzmán, estudiante de posgrado en estudios internacionales de la UAS, realizó una serie de entrevistas a mujeres que son responsables directas de células dedicadas al tráfico de drogas. Su trabajo valiente y objetivo pone de relieve la existencia de un nutrido grupo de mujeres que dirigen grupos y comandan amplios territorios del narcotráfico. En ese capítulo observamos cómo las jefas del narco poseen características que son poco comunes en los capos. Si bien hemos conocido a narcotraficantes de gran envergadura que son discretos y calculadores —como Miguel Ángel Félix Gallardo—, las mujeres que han alcanzado niveles de mando exhiben con más frecuencia esas cualidades. Gracias a esos atributos, muchas han ascendido rápidamente en las estructuras de los cárteles, ganando influencia con sutileza y eficacia. No es que las mujeres del narco hayan renunciado a la violencia, sino que recurren a ella con una actitud menos impulsiva que los hombres. En cualquier caso, sus hijos representan la mayor preocupación, lo que las hace más cautelosas y previsoras del futuro.

En otra sección, Christian Moreno Lizárraga asume una perspectiva feminista en el análisis que hace de las conversaciones que sostuvo con varias jefas del narcotráfico en Sinaloa. Y lo mismo podríamos decir de las mujeres que fueron entrevistadas. Ellas son desafiantes, como pocas. Críticas de cómo los hombres conducen la familia y el negocio. Toman la iniciativa en el *bisnes* (como ellas lo llaman), en los enfrentamientos con otros y también en la conquista de los varones, a los que con frecuencia les tienen poco respeto. Christian pone énfasis en la tesis de la pobreza, la opresión femenina y la sed de reconocimiento social como resortes que impulsan a las mujeres al narco y a ser jefas. Es un texto duro, franco y audaz.

Más adelante, se incluyen dos capítulos estremecedores —uno escrito por Gabriela Soto, reportera de *Noroeste*, y otro por Tina Lizárraga, estudiante de doctorado en la UAS— donde conocemos las experiencias de mujeres encarceladas por traficar drogas en Culiacán y Mazatlán. Son miles las mujeres de la sociedad *narca* que quedan viudas, desamparadas y pobres; son muchas las muertas y son cada vez más las encarceladas. De alguna manera, estos apartados confirman la parábola del narco para la mayoría de los que se involucran en él: ascenso vertiginoso, auge fugaz y brutal caída. Sobre esto último escribe Gabriela Soto: "Encerradas, alejadas de los suyos y compartiendo el sueño con unas personas más peligrosas que otras, se genera depresión en la mayoría de las reclusas […] desde el primer día se convencen que para sobrevivir a ese cautiverio deben enfrentarse a su mayor enemigo: la soledad".

En efecto, la cárcel es más dura para las mujeres *narcas* que para los hombres. A ellas no las visitan parejas porque no tienen o porque son narcos y eso se los impide; mientras que los varones, por lo general, sí reciben compañía porque el grueso de ellas son esposas o amantes a las que no se les vincula con el narcotráfico.

Las *narcas* que abundan en las cárceles fueron *burreras* o transportadoras en pequeño, *puchadoras* o vendedoras en escala menor, pero también hay jefas y están empezando a llegar las sicarias. Las jefas, al igual que los capos en prisión, generalmente viven en mejores condiciones que los subalternos; y también salen más rápido de los centros de detención. Tina Lizárraga habla en su intervención acerca de las claras diferencias que hay entre las mujeres reclusas.

Finalmente, el capítulo escrito por Jorge Abel Guerrero Velasco, joven profesor de la Universidad Autónoma de Sinaloa, relata la visita que realizó a una comunidad donde la actividad principal es el cultivo y el tráfico de drogas. Como esa pequeña población hay cientos en las montañas de Sinaloa, Durango, Chihuahua y otros estados del país. Ahí se desarrolla un ambiente en el que se aprende día a día una actividad que para la normatividad institucional es ilegal, incluso inmoral, pero que, para sus habitantes, sobre todo en las edades tempranas, es *normal*, prácticamente *natural*. Los abuelos, los padres y los hermanos mayores se dedican a la producción o venta de drogas y para ellos es un estilo de vida plenamente aceptado. Por lo demás, en esas comunidades las normas las establecen los capos o las jefas locales, quienes detentan el monopolio de la *violencia legítima* para castigar a los que transgreden su ley.

Este trabajo de Jorge Abel, a su vez, nos permite comprender las problemáticas entre las viejas y las nuevas generaciones de narcos, así como los conflictos de género. Los jóvenes y las mujeres de familias *narcas*, aun en las comunidades rurales, están derribando añejas prácticas sociales y creencias prototípicas de las sociedades tradicionales.

En síntesis, los trabajos periodísticos y académicos que se reúnen en *Las jefas del narco* establecen con claridad que el problema del narcotráfico en México es mucho más profundo y complejo de lo que una aproximación judicial, militar o política pueden decir. La incorporación masiva de las mujeres y la emergencia de liderazgos femeninos es un capítulo más de esa intrincada problemática. Los autores que contribuimos en la elaboración de este libro lo vemos, al menos desde Sinaloa, como un hecho sociológico con sólidas raíces culturales, amén de las económicas y sociales. Hablar de las mujeres narcotraficantes nos permite ver cómo el problema se hace más complejo y difícil de combatir. Nos dice hasta dónde se puede transformar la sociedad mexicana sin que hayamos podido encauzarla hacia mejores rumbos. Por lo mismo, tanto su estudio como su combate ameritan un enfoque más reflexivo, definitivamente distinto al emprendido hasta ahora por los titulares del Estado mexicano a lo largo de sus diferentes gobiernos.

1

De Sinaloa y el narcotráfico

Ernestina Lizárraga

No soy tan malo, también tengo corazón,
aunque el gobierno me persiga sin control;
no tengas miedo porque soy de Sinaloa
y en vez de un antro te lleve a bailar tambora.

No tengas miedo porque soy de Sinaloa…
Corrido interpretado por
Los Buitres de Culiacán

Tan famosa como su música de banda es la historia del narcotráfico en Sinaloa; los grandes capos de la droga que han surgido de México son en su gran mayoría oriundos de esta tierra fértil por donde corren 11 ríos. La mayoría de sus capos vieron la primera luz en los pueblos de su serranía, los cuales se llenan de vida y movimiento mientras dura el ciclo de la siembra de la "hierba mala" (Lizárraga, 2009). Después mueren por largos meses. La violencia que trae consigo el narcotráfico ha marcado los índices de mortalidad de Sinaloa. Así pues, en la historia del narco en México, Sinaloa ocupa un lugar muy importante.

El municipio de Mazatlán, segundo en orden de importancia económica y poblacional dentro del estado, a pesar de situarse en la costa, no ha quedado exento de la influencia *narca* que se vive en toda la entidad. Historias de personajes como el *Cochiloco* se vivieron en las calles y las fiestas porteñas.[1] La transportación marítima, la venta y distribución de droga, las muertes por ajustes de cuentas, el lavado de dinero, la narcobanda, los *buchones*, la arquitectura *narca*, su derroche y exhibicionismo son constantes en Sinaloa.

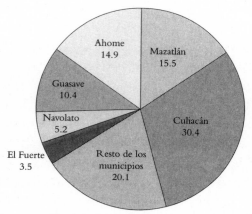

Concentración de la población total de Sinaloa (2005). Gráfica obtenida del INEGI.

La población sinaloense es relativamente joven, ya que el grupo quinquenal más numeroso es el que está entre los 15 y 19 años. Las mujeres suelen vivir más en esta entidad, pues su esperanza de vida es de 77 años, mientras que la de los hombres es de cinco años menos. De igual manera, durante 2005 murieron más hombres que mujeres: 8 118 bajas en los primeros y 5 181 en las segundas; este problema se debe en gran medida al narcotráfico y a la violencia que se vive en el lugar. Ese mismo año la tasa estatal de homicidios fue de 14.27 por cada 100 000 habitantes, otorgándole el séptimo lugar en el conteo de las 10 principales causales de muerte.[2] En los

[1] El nombre real del *Cochiloco* era Manuel Salcido Uzeta, originario de San Juan, San Ignacio, Sinaloa. Fue uno de los narcotraficantes más poderosos de la región y del noroeste mexicano. Residía en Mazatlán por largas temporadas y tenía gran influencia en el lugar. Fueron los años ochenta cuando el *Cochiloco* tuvo poder.

[2] Secretaría de Salud y Asistencia (SSA) de Sinaloa.

municipios serranos la situación es peor: en algunos casos la cifra cuadruplica la media estatal.

De acuerdo con datos publicados por el INEGI en 2010, de 709 960 hogares registrados, 178 173 son dirigidos por mujeres. La población económicamente activa (PEA) está compuesta por 1 204 877 individuos, de los cuales 716 871 son varones y 441 766 mujeres.El sector terciario es el que más aporta al producto interno bruto (PIB). Destacan las actividades de servicios; le sigue el sector secundario, y por último el primario.

Estas estadísticas nos dan una idea de cómo se distribuyen los sinaloenses, cuántos son, a qué se dedican, cómo están educados y, en parte, cómo se relacionan hombres y mujeres. Pero si se les toma a la ligera, estos datos no reflejan los contrastes de la tierra del *Chapo* Guzmán. Sinaloa parece ser un cuerno de la abundancia compuesto por las grandes ganancias que dejan las explotaciones de sus extensos valles agrícolas, el turismo y la pesca. En realidad esto sólo es aplicable a ciertas partes de la entidad. Existe otro Sinaloa, el llamado por el investigador Arturo Lizárraga el *Sinaloa oculto*. El Sinaloa oculto rara vez es mostrado en la esfera pública; los municipios que componen esta parte del estado son los que mayoritariamente se encuentran en la sierra. Chóix, Mocorito, El Fuerte, Sinaloa de Leyva, Badiraguato, Cosalá, San Ignacio, Concordia y El Rosario. En ellos la marginación y la pobreza han sido la constante. Para empezar, su población es escasa y se encuentra dispersa por toda la serranía. Las vías de acceso son precarias y en el mejor de los casos sólo llegan a la cabecera municipal; por estas circunstancias los únicos medios de transporte son avionetas, animales de carga y camionetas *todoterreno* que pueden transitar en los improvisados caminos que se forman al secarse los ríos. Servicios como electricidad, agua potable, salud y educación son pocos. Esta última carencia es la causante de los grandes niveles de analfabetismo en la zona serrana de Sinaloa. El desempleo es una constante y el narcotráfico representa no sólo una gran alternativa, sino que en algunos lugares es la única.

Elena, entrevistada para esta investigación, pertenece a un pueblo con ese panorama; ella es originaria de El Verano que, según sus propias palabras, se ubica a media hora en avioneta de San Ignacio; en automóvil no es posible llegar y caminando sólo se puede hacer en el tiempo de secas. Cuarenta casitas aproximadamente conforman el sitio. El servicio eléctrico lo dan dos plantas de luz que un *pesado* regaló al pueblo hace muchos años. Elena calcula que por el año 2000 llegó la telesecundaria. Y aunque en sus tierras se dan muy bien las siembras de tomate, frijol, chile maíz y cebolla, entre otras, éste no es negocio puesto que su pueblo está muy escondido. En cambio, los 20 000 o 30 000 pesos que deja cada kilo de opio, y de los 500 a 1 000 que arroja la mariguana por el mismo pesaje, son suficientes para sufragar los gastos de producción y transporte, y quedan jugosas ganancias para vivir.

En contraste, las poblaciones de la costa y los valles agrícolas presentan mucho mejores condiciones de vida. Sin embargo, el narcotráfico también está presente ahí, los ha seleccionado como lugares donde puede *lavar* su dinero, residir sus principales operadores, transportar, distribuir y consumir sus mercancías, y exhibir y gozar su poder.

Pareciera haber, entonces, dos Sinaloas, muy diferentes una de otra. La primera es la Sinaloa rica, la de los valles y las costas, la que se muestra al mundo. La otra es la Sinaloa oculta, la pobre, la marginada, y la que ha visto nacer el fenómeno que ha transformado al estado entero y socavado al país: el narcotráfico.

EL SINALOENSE Y EL NARCOTRAFICANTE

Al igual que Sinaloa se ha convertido en sinónimo de narcotráfico, la identidad del sinaloense se ha llegado a confundir con la identidad *narca*. Lo anterior se debe a una gran cantidad de factores; entre ellos, que el narcotráfico mexicano nació en esa entidad. Como segundo factor está que, al ser gestado el narco en dicho territorio, sus habitantes fueron los primeros en dotarle y permearle los atributos propios de su identidad y su cultura. El tercer factor es que, dado el éxito y la prosperidad económica que la actividad ha traído para algunos sinaloenses, éstos la aceptaron con mucha facilidad, dejando de lado que se trata de un delito. Y, finalmente, los grandes capos mexicanos de la droga han nacido en su mayoría en la tierra de los 11 ríos.

Muchos son los testimonios de sinaloenses que, al salir de su estado e ir a otras regiones, a nivel nacional o internacional, han recibido comentarios que los relacionan con el narcotráfico debido a su lugar de nacimiento. En el corrido *No tengas miedo porque soy de Sinaloa* —el cual es autoría y éxito de un grupo regional llamado Los Buitres—, un hombre le pide a su novia que no le tenga miedo por ser de Sinaloa y sentir gusto por la música de banda, por recibir llamadas sospechosas todo el tiempo a sus múltiples celulares, tener una camioneta último modelo de lujo y porque de su pantalón salga una escuadra con diamantes. Ese "No tengas miedo porque soy de Sinaloa" puede ser interpretado también como un "No tengas miedo porque soy narco", que al fin y al cabo, como la misma canción lo dice, "no soy tan malo, también tengo corazón aunque el gobierno me persiga sin control" (música.com).

La identidad sinaloense es considerada diferente de la de cualquier otro mexicano. Antonio Nakayama (1991: 18), al hacer una comparación entre sinaloenses y sonorenses, afirma:

Sonorense y sinaloenses son iguales en apariencias: decidores, broncos, generosos, incultos, alegres, apáticos, confiados y dueños de una franqueza que raya en la grosería [...] la tierra generosa mediante su connubio con la lluvia y la expansión de las corrientes fluviales hizo que los habitantes se proveyeran de alimentos sin grandes esfuerzos, y este *laissez faire* tornó al sinaloense en índole, despilfarrador y jacarandoso.

El sinaloense es visto, entonces, como un personaje bronco, ranchero, pero sobre todo holgado, características que con frecuencia suele atribuírsele al narcotraficante. Más adelante Nakayama señala características del sinaloense que son todavía más afines a las de los narcotraficantes:

> El sinaloense goza con burlar la ley eludiéndola mediante la influencia política o la clásica mordida [...] es el extrovertido que muestra su ansia de vivir, de seguir exprimiendo jugo a la vida, así tenga que enajenar la cosecha antes de iniciar la siembra; los poblados son bulliciosos, llenos de ruido, de euforia y su música folklórica [...] Vive en un círculo mágico de tambora, de carreras de caballos y de mujeres [...] El sinaloense ha alcanzado una triste fama de matón, la que se ha venido justificando con el alto índice de asesinatos que se registran en la entidad [...] pertenece a la clase campesina, o a los estratos inferiores de la población urbana, lo cual indica claramente que es la falta de cultura lo que lo impulsa a tomar esa actitud de muy valiente [...] Los apretados son los nuevos ricos: comerciantes, agricultores y muchas personas que cultivaron una plantita llamada Solfia o adormidera [...] El sinaloense tira el dinero con una facilidad asombrosa, sin importar el mañana [...] Característica muy notable de las gentes de Sinaloa es la de proferir palabrotas en forma sistemática y sin motivo alguno (*ibid.*: 20, 22, 25, 30, 35).

Las características mencionadas con anterioridad y presentes en la mayoría de los sinaloenses, son las que los han identificado con el estereotipo perfecto de narco. Esto se puede explicar de dos maneras: una, que la cultura del narcotráfico penetró con tal fuerza en Sinaloa que se fusionó con la cultura dominante; o que, por otro lado, al desarrollarse de una manera tan poderosa el narcotráfico en Sinaloa, la cultura sinaloense misma fue tomada por antonomasia como la "cultura del narco".

Al nacer el narcotráfico en Sinaloa, los sinaloenses fueron los encargados de dotar con su cultura a esa actividad ilícita, que no pidió permiso para apropiarse de símbolos típicos sinaloenses y proclamarlos como propios. De la descripción que hace Nakayama, acerca de la identidad del sinaloense, se pueden rescatar algunos de

estos rasgos, como el temperamento bronco, la actitud despilfarra-
dora y bravucona, y el gusto por violar la ley.

Parafraseando a Heriberto Yépez (2010: 15) podríamos decir que
el narco es el nuevo encargado de preservar la vieja *sinaloidad*: "La
narcocultura es una forma de fundamentalismo mexicano. No es
casual su relación con la religión católica ni que uno de sus cárteles
se llame, precisamente, *La Familia,* y que la familia sea la estructura que les da base a todos los cárteles". Yépez, escritor tijuanense, coincidiría con nosotros cuando decimos que lo que describe
Nakayama de los sinaloenses de los años sesenta es un retrato, en la
ilegalidad y lo extremo, de los narcos del nuevo siglo.

En su libro *La increíble hazaña de ser mexicano,* Yépez dice: "La
narcocultura rescató el pasado. Lo reinstaló […] El narco es una
vuelta a los valores rurales caducos, una nostalgia del viejo orden
que, sin embargo, sigue desmoronándose" (*ibid.*: 186).

Es muy cierto, el narco ha ruralizado el estilo de vida de vastos
contingentes de sinaloenses en las ciudades. La tesis de la ruraliza-
ción cultural de las ciudades sinaloenses la han desarrollado otros
intelectuales como Ronaldo González en *Sinaloa: una sociedad deme-
diada* y Carlos Calderón Viedas en *Huellas de modernidad en Sinaloa.*

★ ★ ★

El papel de la mujer sinaloense en el mundo del narcotráfico

> Voy a cantar un corrido,
> escuchen muy bien mis compas,
> para la Reina del Sur, traficante muy famosa
> nacida allá en Sinaloa, la tía Teresa Mendoza.
>
> *La Reina del Sur,* corrido escrito e interpretado
> por el grupo LOS TIGRES DEL NORTE

Hasta ahora sólo se ha hablado del papel desempeñado por Sinaloa
y los hombres sinaloenses en el mundo del narco, dejando de lado

a la mujer sinaloense. Sin embargo, así como el hombre sinaloense es concebido como el narco por excelencia, lo mismo ocurre con sus mujeres.

Entre los elementos que hacen ligar a la mujer sinaloense con el narcotráfico se encuentra la gran cantidad de ellas dedicadas a dicha actividad, las reinas de belleza y las modelos que se han relacionado con los capos, y que las mujeres a las que más se ha vinculado con ese ámbito tienen sus raíces en Sinaloa: Enedina Arellano Félix y Sandra Ávila Beltrán.[3]

No debe olvidarse que al gestarse el narco en estas tierras muchas fueron las familias que sin distinción de sexos o edades se lanzaron a la serranía para dedicarse a la siembra de amapola y mariguana. Tal vez en sus inicios la mayoría de las mujeres sólo eran acompañantes de sus esposos y sus padres, pero es sabido que la agricultura también necesitó de sus manos y de sus enaguas para que el trasiego de la droga pasara inadvertido.

La estrofa del corrido *La Reina del Sur*, del grupo Los Tigres del Norte, que abre la presente sección, versa sobre una mujer traficante de origen sinaloense, la cual nos da a entender que era una buena *narca* no sólo porque trafica, sino también porque es sinaloense.

En las siguientes páginas se busca definir un tipo de identidad de la mujer sinaloense para encontrar los puntos de coincidencia con los de la mujer *narca*. Al igual que los hombres sinaloenses, las mujeres de la sierra de Sinaloa fueron las primeras en dotar con su cultura a la actividad del narcotráfico; ellas formaron los que serán los estereotipos para madres, esposas, hermanas y trabajadoras de la industria de la droga.

LA GESTORAS DE LAS NARCAS EN MÉXICO

Aunque históricamente las primeras *narcas* famosas en México, *la Nacha* Jasso y Lola *la Chata*, no eran sinaloenses, son las mujeres

---

[3] Esta última nació en Tijuana, Baja California, pero es hija de padres sinaloenses y sinaloense de crianza.

oriundas de este estado las primeras en México en involucrarse masivamente en dicha actividad y disfrutar sus ganancias.

La madre de *la Reina del Pacífico*, doña María Luisa Beltrán Félix, se sabe que vivió desde su niñez rodeada del narcotráfico (Scherer García, 2008: 7). Si tomamos en cuenta el simple hecho de que *la Reina del Pacífico* ya tenía 40 años de edad cuando la entrevistó el célebre periodista Julio Scherer García, y si sabemos que su madre vivió una infancia *narca*, quiere decir que en Sinaloa las mujeres criadas en familias *narcas* no son algo nuevo, tal como se ha dicho en la introducción de este libro. Las mujeres que purgaron algún tipo de condena ligada al narcotráfico se han reproducido a lo largo de, por lo menos, casi 100 años.

¿La lógica patriarcal que domina en el género será la responsable de que históricamente la mujer haya estado oculta en el narco? Esta actividad llena de tintes machistas sólo permitió conocer a sus mujeres instaladas en la tipología tradicional pasiva: madres, esposas, hijas y demás familiares. Pero en años recientes ya no pudo seguir ocultando a sus féminas activas, a esas que ocupa sembrando, transportando, vendiendo droga o formando parte de los escuadrones de asalto y ejecución. O a esa que tiene *lavando* su dinero. Como lo dice el corrido de los Tigres del Norte que lleva por título esa misma frase: "También las mujeres pueden".

Con las mujeres sinaloenses, el narcotráfico, por primera vez en México, se dotó de rostro femenino; tomó como suyos los gustos de ellas, predominantemente los de la mujer sinaloense campesina, quien tiene una historia más larga en la actividad. Haciendo una revisión de los narcocorridos de Los Tigres del Norte, cuando se refieren a mujeres y drogas éstas siempre son procedentes de Sinaloa, con excepción de Camelia, *la Texana*, quien, según el corrido *Contrabando y traición*, era de San Antonio, Texas.

Es así como la mujer sinaloense brinca a la historia como la *narca* por excelencia. Quizá si el narcotráfico en México se hubiera gestado, por ejemplo, en Veracruz, al son de la marimba se hubieran dado a conocer sus aventuras y Teresa Mendoza fuese una linda jarocha.

61

Identidad de la mujer sinaloense
igual a belleza y coquetería

La identidad de la mujer sinaloense, según estudios que se han hecho sobre ella, es muy diferente a la de las del resto del país. Su rasgo distintivo radica en la exaltación de su coquetería y su belleza. En palabras de Nakayama: "En Sinaloa casi todos procuran vestir bien... así que las mujeres se ven más gráciles y vaporosas..." (*ibid.*: 1991: 35).

Su gusto por el arreglo personal y su constitución les ha valido la fama de ser bellas; así lo confirma una nota del periódico *Noroeste* en su edición del 6 de octubre de 2010, la cual se titula "De Sinaloa las más bellas". Según este artículo, y basándose en una encuesta realizada a usuarios de SkyScraperlife, Sinaloa es el estado de la República Mexicana que cuenta con las mujeres más bellas del país.

La mujer sinaloense es reconocida por su belleza, coquetería e insumisión (Santamaría, 1997), y tal vez esta última es la característica que la distingue de las mujeres del resto del territorio nacional. Mientras que en otras regiones de México las mujeres son criadas para portar atuendos recatados y poco llamativos, en Sinaloa pasa todo lo contario: a la mujer se le enseña a explotar su belleza y llamar la atención. En Sinaloa ser coqueta no es un pecado, sino una virtud. Arturo Santamaría atribuye esta particularidad a que en ese estado existe de forma sobredimensionada el culto a la belleza, "pero lo cierto es que en Sinaloa el culto a la belleza y al erotismo de sus mujeres es un tema dominante... Las sinaloenses, sin dejar de exigirles el trabajo doméstico y otras tareas productivas, son vistas como una bella manifestación de la naturaleza, como una conjunción de naturaleza-mujer-seductora" (1997: 6). Poseer belleza y seducción son ante los ojos sinaloenses los mejores atributos que puede poseer una mujer: "En Sinaloa la cualidad que más se ha admirado en sus mujeres, cuando ésta se hace explícita, escrita, cantada, esculpida o plasmada en pintura, es la belleza" (*ibid.*: 47). Un buen ejemplo de lo anterior es que en Sinaloa se acostumbra tener reinas para todo: en escuelas, organizaciones civiles, gubernamentales y, por supuesto, en los carnavales. No es de extrañar que la denominada *Reina del Pacífico*, Sandra Ávila Beltrán, provenga de linaje sinaloense. De ella se dice: "La seguridad, el donaire, le viene de su estirpe sinaloense, de su pertenencia a una dinastía de narcos. Y la nobleza de esa dinastía la otorgan la inmensa fortuna y la audacia de haber erigido imperios de la nada" (Ronquillo, 2008: 18). Como sinaloense destaca por su belleza: "¡Qué decir de la belleza de la reina…! Hay que imaginarla a los 19 años, un verdadero portento, con la intensa mirada de sus ojos negros, los rasgos de muñeca fina de su rostros, ese cuerpo trazado con curvas de arrolladora sensualidad. Le gustaba ejercer esa forma de dominio sobre los hombres, a los que consideraba una parvada de seres indefensos ante su sonrisa. Bastaba una palabra suya para provocar ansiedad y hasta temor en muchos de ellos" (*ibid.*: 27).

La socialización en la coquetería da a la mujer sinaloense una actitud de género menos sumisa y hasta cierto punto altanera. Sin embargo, no dejan de ser víctimas de la lógica de género, ya que ninguna de ellas ha logrado aún ser un importante líder político; son pocas las empresarias destacadas y al ser valoradas por su belleza con frecuencia se les equipara con un objeto.

LA BELLEZA ATRAE AL NARCOTRÁFICO Y EL NARCOTRÁFICO SE SIENTE ATRAÍDO POR LA BELLEZA

Una de las formas en que los narcotraficantes —al igual que otros hombres con dinero y poder— hacen exaltación de su éxito es dejándose ver al lado de bellas mujeres, las mujeres trofeo de las que habla Giacomello. La belleza de la mujer es un trofeo que el narco desea adquirir a modo de corroborar su poder y su virilidad. Es casi impensable ver a un narcotraficante al lado de una mujer poco agraciada y pasada de peso. Las mujeres bellas cuestan, porque la belleza es un bien que ellas intercambian para conseguir lo que quieren; los narcos les dan dinero y ellas les dan prestigio y placer a través de su hermosura.

Débora Bomboster, presa en un Centro de las Ejecuciones de las Consecuencias Jurídicas del Delito (Cecjude) de Sinaloa, describe muy bien cómo es la relación de atracción belleza-narco:[4]

EL: ¿Qué papel crees que juga la belleza física en el mundo del narco?

DB: El dinero del narco atrae la belleza, la belleza atrae el dinero. El carro del año del narcotráfico es el que atrae a la belleza, los lujos del narcotraficante; al hombre ¡más feo! lo convierte en el ¡más hermoso! En el Brad Pitt.

Lo dicen las notas de los periódicos y los artículos de *blogs* en internet: miles de mujeres sinaloenses se deslumbran por los dineros y los lujos del narco y éste a su vez busca a las bellas para exhibirlas como trofeos. Las mujeres-trofeo entran al mundo del narco en un rol tradicional pasivo, el cual se les abre para que, si lo desean, se vuelvan activas en el negocio.

El periódico *Milenio* publicó el artículo "Riqueza de narcos, seducción peligrosa para chicas mexicanas", el cual, entre otras cosas, afirma:

Cada año, docenas de chicas participan en concursos de belleza en las soleadas colinas del estado de Sinaloa, que atraen a acaudalados narcotraficantes, quienes ocasionalmente eligen a alguna para llevársela a su guarida en las montañas. Las perspectivas laborales para las chicas sinaloenses son pocas, y conquistar a un prominente narcotraficante es la puerta de entrada a un mundo de riqueza descomunal, con mansiones y vehículos de lujo, sesiones interminables de *spa* y un guardarropa con las marcas más exclusivas del planeta… Los sinaloenses dicen que su llamativa belleza se debe a sus ancestros indígenas que se mezclaron con colonos franceses, alemanes y griegos, y en el estado abundan las

---

[4] Entrevista a Débora Bomboster realizada por Ernestina Lizárraga, 4 de octubre de 2009.

historias de narcos cortejando chicas en pequeños pueblos, invitándolas a fiestas en ranchos y hasta secuestrándolas a punta de pistola.[5]

La cita resume muy bien parte de la realidad de las mujeres sinaloenses. Como ninguna otra actividad en el estado, el narcotráfico les ha mostrado que tiene dinero y poder, y esa combinación se ha vuelto casi irresistible para muchas sinaloenses, que desean en poco tiempo tener muchos lujos.

DE REINAS SINALOENSES Y REYES DEL NARCO

Son numerosos los episodios en que las reinas de belleza de Sinaloa y los narcotraficantes han sido los protagonistas, situación que demuestra que belleza y narco son cosas que han estado y seguirán estando estrechamente relacionadas.

En 1988 la elección de la reina del carnaval de Mazatlán se dio por azar. Rebeca Barros de Cima escogió la flor ganadora después de un sospechoso apagón. Ganó porque era la favorita de la élite mazatleca, pero no la de Manuel Salcido Uzeta, famoso narco mejor conocido como *el Cochiloco*. Al no poder colocar a su favorita Rosa María Zataráin como la reina de las máximas fiestas del lugar, a punta de pistola hizo que ésta abriera el desfile del carnaval, honor que le corresponde a la reina. Así, la carroza de Zataráin se colocó por delante de la que llevaba Barros y los mazatlecos supieron del gran poder que tenía este narcotraficante al transgredir la más grande de las festividades sinaloenses.

Otro hecho entre el narco y las reinas sinaloenses se suscitó en febrero de 1990: Rocío del Carmen Lizárraga Lizárraga se convirtió en la reina del carnaval de Mazatlán. Poco después de haber cumplido 18 años, a finales de mayo, Francisco Arellano Félix, quien en ese entonces formaba parte de la familia más poderosa del narco-

[5] www.milenio.com/node/155950. Página consultada el día 4 de abril de 2009.

tráfico en México, se la *robó*. Santamaría calificó este hecho como "una verdadera perla de la picaresca sinaloense".Se sabe que en junio contrajeron nupcias, pero Lizárraga tuvo que ceder el trono a Libia Zulema Farriols, que había quedado en segundo lugar.

El 23 de diciembre de 2008, Laura Elena Zúñiga Huízar, ganadora de los concursos Nuestra Belleza y Miss Hispanoamérica 2008, fue arrestada junto a siete hombres en Zapopan, Jalisco. Les fueron confiscados dos rifles de asalto AR-15, tres pistolas, nueve cargadores, más de 600 cartuchos de diferentes calibres, 16 teléfonos celulares y alrededor de 18 000 dólares en efectivo. Uno de los detenidos, Ángel Orlando García Urquiza, fue acusado de tener vínculos con el cártel de Juárez; también era pareja sentimental de Zúñiga, quien negó haber tenido conocimiento de esto. Fue puesta en libertad el 30 de enero de 2009 por falta de pruebas. Este caso como ningún otro remató la fama de *narcas* que han adquirido las sinaloenses. Diarios como *Le Monde* en Francia, *El País* en España y *El Clarín* de Argentina, sólo por citar algunos, narraban la historia de la joven que pasó de ser Nuestra Belleza Sinaloa a *Miss Narco;* su foto fue retirada de la galería de las ganadoras del concurso de belleza mexicana en mención y también perdió el título hispanoamericano. Su carrera como modelo quedó estancada, pero por lo menos está libre.

PARA MUESTRA UN CORRIDO

Las mujeres del narco ya se han ganado varios corridos. Aquí se hace un análisis del narcocorrido *Las cabronas*, del grupo Los Buitres de Culiacán. Los versos describen muy bien la situación que viven muchas mujeres sinaloenses que están ligadas al narco en una forma activa. Se abordan temas como la importancia de las conexiones familiares, qué hacen específicamente, el costo que puede tener ser *narca,* los beneficios y, sobre todo, para comprobar la autenticidad, la denominación de origen sinaloense.

> Son muchachas muy bonitas
> traen la sangre de *pesados*
> se sabe son sinaloenses
> que les gusta el contrabando
> la siembran y la cosechan
> y mandan al otro lado

En la primera estrofa se destaca, antes que nada, la belleza de las muchachas y los vínculos familiares de "sangre de *pesados*". Para reafirmar su gusto por la participación en el narco se rescata su origen sinaloense, el cual está ligado a su belleza. Se les atribuyen roles jerárquicamente bajos como altos, pero igualmente riesgosos.

> No son buenas pa'l noviazgo
> pero hacen buenos negocios
> saben cocinar el polvo
> que compran varios mañosos
> traen armas de gran calibre
> son hijas de poderosos

En la segunda estrofa es donde más interviene la lógica de género, ya que parece que las mujeres dedicadas al narco, por insubordinarse a lo estipulado en su rol, son castigadas sin la oportunidad de tener una relación de pareja, y a cambio son recompensadas con reconocérseles éxito en el negocio, sin olvidarse de su vínculo de parentesco.

> Una *hummer* las traslada
> son camionetas blindadas
> diez gentes son guardaespaldas
> y unas patrullas pegadas
> se organiza una pachanga
> en honor de las muchachas

En esta estrofa encontramos el derroche y la algarabía típica del sinaloense. Destaca otro patrón de género: la necesidad de resguardo físico a través de una figura masculina.

> (y éstas sí son chingonas, buitres)
> sencillas y de respeto
> les gusta mucho la banda
> toman whisky del 18
> para afinar la garganta
> las cabronas son alegres
> cantan corridos de mafia
> tienen rasgos muy bonitos
> y el gobierno las conoce
> mandan clave a los retenes
> para que no les estorben
> ellas pagaron la cuota
> hay reparto de millones

Cuando se les cataloga de sencillas y de respeto, se dice con el objetivo de que su ocupación y su vestimenta no sean consideradas vulgares y sin valor. La frase que afirma que "sí son chingonas" pude interpretarse como una forma de exaltar que el lugar que ocupan en la jerarquía *narca* no es bajo o de poca monta. Nuevamente se hace exaltación de sus características sinaloenses: alegría y belleza. La capacidad adquisitiva con que cuentan les da posibilidades de gastar tanto en lujos como en protección masculina.

> como varios las conocen
> y saben lo que conviene
> no las busquen por pedazos
> toneladas ellas mueven
> un saludo a las cabronas
> que en Culiacán se divierten

El destacar que mueven toneladas las saca del rol de subordinación económica, ya que el transporte en grandes cantidades deja jugosas ganancias, y se resalta que no se trata de cualquier tipo de mujer en el narco.

Podemos concluir que las mujeres *narcas* sinaloenses portan una identidad que fusiona lo regional y lo cultural. La identidad de la mujer sinaloense es muy distinta a la de las del resto del país. Estas mujeres no han sido culturalmente socializadas para mostrar actitudes de recato y seriedad, propias de la lógica de género en una sociedad machista; al contrario, en Sinaloa a las mujeres se les enseña a exaltar su belleza, a coquetear sin remordimientos, sin sentirlo como un pecado. Los reinados de belleza por toda la entidad son el mejor ejemplo de ello.

Las primeras madres, mujeres, hijas, agricultoras, transportistas y vendedoras en el narcotráfico fueron de origen sinaloense. Ellas imprimieron el sello de mujer a la actividad.

El narcotráfico tiene dinero y poder, combinación que resulta casi irresistible para cualquiera; pero el narco no quiere a cualquiera, quiere belleza. La mujer-trofeo es con lo que los narcotraficante acentúan su poder; esto parece tornarse en un tipo de intercambio donde las mujeres dan su belleza y los traficantes, su dinero y sus lujos. Si conseguir a una mujer bella es complicado, conquistar a una reina es todavía más; para los narcos y su poder nada es difícil y así lo han mostrado los escándalos suscitados entre éstos y algunas embajadoras de la belleza.

En Sinaloa la mujer relacionada con el narco, ya sea en un papel pasivo o en un papel activo, no es tan estigmatizada como en otras regiones del país, gracias a la "normalidad" que la actividad ha adquirido en este lugar.

Por ser una región *narca*, tener como paisanos a los capos más famosos de México, poseer una identidad regional basada en la exaltación de su belleza, y después del escándalo de *Miss Narco*, las mujeres sinaloenses son y seguirán siendo consideradas por el resto del mundo como las *narcas* por excelencia.

BIBLIOGRAFÍA

Lizárraga, Arturo, *et al.* (2009). *Sinaloa: pobreza, narcotráfico, violencia y migración en la sierra en el marco de la crisis económica,* Asociación Mexicana de Ciencias para el Desarrollo Regional, A. C. 14°. Encuentro Nacional Sobre Desarrollo Regional en México Amecider, 2009, León, Guanajuato.

Nakayama, Antonio (1991). *Entre sonorenses y sinaloenses afinidades y diferencias,* Difocur-Instituto Sonorense de Cultura, Culiacán, Sinaloa.

Ronquillo, Víctor (2008). *La Reina del Pacífico y otras mujeres del narco,* Planeta, México, D. F.

Santamaría, Arturo (1997). *El culto a las reinas de Sinaloa y el poder de la belleza,* Universidad Autónoma de Sinaloa, Culiacán, Sinaloa.

Scherer García, Julio (2008). *La Reina del Pacífico: es la hora de contar,* Grijalbo, México, D. F.

Yépez, Heriberto (2010). *La increíble hazaña de ser mexicano,* Planeta, México, D. F.

2

Debut y despedida:
tres mujeres narcotraficantes

GABRIELA SOTO

Amalia, presa del narco

Sujeta con cinta canela un paquete de droga sobre su abdomen. La última vez que sintió un peso similar tenía seis meses de embarazo. Carga en su vientre un kilo con 154 gramos de heroína, mercancía que en el mercado ilegal tendría un valor aproximado de 17 millones 500 mil pesos.

Amalia usa una faja negra para disimular la mercancía que cubre bajo dos blusas y un suéter. Toma su mochila. Se dirige al Aeropuerto Internacional de Culiacán. Para el mundo del narcotráfico es ahora una *mula*, una mujer que transporta droga de un lugar a otro. Su destino es Tijuana.

Son unos minutos antes de las 8:00 horas, su vuelo está próximo a salir. Su familia ignora lo que sucede. Su esposo, Ramiro, prepara mezcla de cemento en la construcción; sus hijos, Diego y Samara, están a punto de iniciar sus clases en la secundaria; y el más pequeño, Carlos, es arrullado por los cantos ajenos de una empleada de guardería. Ellos creen que la mujer con 34 años está en sus labores como empleada doméstica.

Mientras tanto, Amalia, con pase de abordar en mano, espera su turno en la fila para la revisión de su equipaje. Avanzan tres personas; ella es la siguiente. Deja deslizar su única maleta sobre la banda y cruza el detector de seguridad sin el menor problema. Su cara expresa alivio. Camina directamente a recoger su bolso, cuando una voz tras su espalda, le solicita que se quite el suéter. Es un elemento de seguridad. Los latidos de su corazón se aceleran.

LA PROPUESTA

Cinco días antes, al regresar a casa después de nueve horas laboradas, a Amalia se le acerca un individuo que tenía semanas vigilándola junto con su familia. Afuera de su domicilio, sin disimulo, le ofrece 10 000 pesos por transportar droga.

"'Yo te conozco a ti, ya conozco a tus hijos', me dijo [el hombre]. Y quiero que vayas y me dejes algo, y aparte vas a ganar", le propuso.

En una situación de precariedad económica como la suya, esa propuesta se convierte en una seducción.

Son 10 000 pesos por un día. Cinco veces el presupuesto semanal de la familia, aportados 800 pesos por ella y 1 200 pesos por su esposo, de oficio albañil.

Diez mil pesos que disipa su sueño por la noche, que la mantiene en vela a pesar del cansancio acumulado en su cuerpo tras las jornadas laborales intensas. Que la distrae de sus actividades; incluso, se le queman los frijoles para la cena. ¿Y cómo no hacerlo? Pues según sus cálculos, con ese dinero se pueden cubrir las necesidades gobernantes de su hogar: comprar alimentos, pagar los servicios públicos y la renta de la casa, el abono del refrigerador fiado, educación de los niños… y la lista se extiende.

"Ya ve que uno gana poco, rentando y todo, siempre pagando renta; lo que ganaba era muy poco, no me alcanzaba. Mi esposo gana muy poco para llevar a los niños a la escuela, y una vida así, trabajando, siempre partiéndome la espalda trabajando y nunca me alcanzaba."

En ocho años de matrimonio, en los que siempre trabajó, su situación no mejoró. Al contrario, el costo de manutención de sus hijos y del hogar va en incremento constante.

La mujer de tez blanca y cabello castaño sólo anhela olvidar las cuentas que la persiguen sin falta cada mes, al menos por unos días. También quiere alejarse un poco de su rutina laboral: de cambiar sábanas de una cama ajena, preparar alimentos para personas aún más ajenas, y de escuchar expresiones groseras de sus patrones.

Por eso, en los cuestionamientos que atormentan su pensamiento, sus respuestas siempre fueron positivas: ¿por qué no intentarlo? Hay más que ganar, que perder. ¿Y por qué no intentarlo? Sólo una vez, sólo esta vez.

"Yo también por miedo y por necesidad. No vaya a ser que esta persona nos quiera hacer algo, ¿verdad?, justifica. "¿Y si la hago?, ¿y si lo logro?"

Al atardecer del cuarto día, Amalia recibe nuevamente la visita del señor, que ella asegura desconocer, incluso, de nombre. En casa, en ausencia de su esposo y de sus tres hijos, él le instruye un plan previamente trazado: tomar el avión directo a la ciudad fronteriza, y al arribar entregar la droga a las personas que la estarán esperando. A su regreso recibirá el pago.

"Él fue y me llevó el paquete. Me lo llevó en la tarde, ya oscureciendo. Otro día temprano por la mañana, a las ocho de la mañana salía mi vuelo."

A la mañana siguiente despide tranquilamente a los niños y a su esposo. Y mientras Diego y Samara platican con sus compañeros a la espera de recibir clases, el pequeño Carlos, de casi dos años, está en la guardería. Por su parte, Ramiro prepara la mezcla para edificar una casa; Amalia, en su hogar, se alista para burlar los protocolos federales de seguridad pública.

Toma con una mano el paquete con heroína, lo posiciona a la altura de su cintura de aproximadamente 85 centímetros, y con la otra mano, desliza la cinta canela, ajustando la mercancía a su delicada piel. Refuerza el estupefaciente con una faja, desliza hacia abajo dos blusas y se cubre con un suéter. Sujeta su equipaje, avanza hacia la puerta y la cierra con fuerza. Siente que tiene el coraje necesario para violentar las leyes mexicanas y tratar de obtener dinero para sobrevivir en Sinaloa, tierra confrontada por al menos dos cárteles de la droga: uno, lleva el nombre de la última letra del abecedario; y el otro, adopta el nombre de la entidad. Los que tienen el poder son aquellos hombres y mujeres que dominan tierra serreña para sembrar amapola y edificaciones urbanas para producir y comercializar estupefacientes en narcolaboratorios.

La droga circula sin la menor querella, como portando licencia de tránsito, entre las calles rurales y urbanas. Adueñándose de hogares sin ningún título de propiedad, tanto en residenciales privados como en colonias marginadas.

Llega al aeropuerto. Inhala profundamente; su respiración se agita, al mismo tiempo que la adrenalina se incrementa conforme se desplaza por sus venas, fluyendo por todo su cuerpo. Está preparada para cruzar el cielo dos veces y burlar los puntos de revisión en menos de 12 horas. Cuenta:

> Llegué ya con el pase de abordar. Hago fila pa'llá a la revisión. Entré, y ya miré que había mucha gente; entré y puse mi maleta ahí, y ya pasé y había cuatro de ellos [inspectores]. Y estaban revisando a todos ese día. Y ya pasé.
>
> Me dijeron que me quitara el suéter, y yo me lo quité… Y yo les dije que sí; entonces, ellos ya se me quedaron viendo. Me dijeron que le pasara al baño para revisar.
>
> Ya pasé y [una inspectora] me dijo: "¡Levántate la blusa!" Me levanté la blusa, y lo primero ahí estaba [la droga] a la vista, aunque la faja me la cubría, pero ahí estaba a la vista… Yo ya no hallé ni qué decir.

Al sentirse descubierta, Amalia admite su delito confesamente. Niega su defensa por algún abogado.

Después la trasladan al cuartel del Ejército mexicano para su interrogatorio. Más tarde la remiten al ministerio público. Y al tercer día es recluida en una mazmorra del Centro de Ejecución de las Consecuencias Jurídicas del Delito en Culiacán, cuenta la mujer sentada en una silla en el interior de la biblioteca del Centro. Ahora purga una condena de 10 años, a dos años con seis meses de su encierro.

"Ahí me preguntaron si yo traía esa droga, pues yo les dije que sí, que yo la traía —expresa—; según en el periódico salió que llevaba un kilo 154 gramos [de heroína], eso es lo que salió en el periódico, no sé yo."

Así se convierte en una delincuente del crimen organizado que combate la actual administración federal. El saldo aproximado de la guerra emprendida por Felipe Calderón Hinojosa es de 50 000 personas muertas y 10 000 desaparecidos, pero no ha de pasarse por alto que también hay cientos de víctimas de extorsiones que se ven obligadas a participar en el tráfico de estupefacientes en las circunstancias más adversas.

EL RECLAMO FAMILIAR

Amalia tiene derecho a una llamada; la utiliza para comunicarse con su hermana. Su familia niega la realidad, y una semana después, cuando la ven detrás de las rejas, la aceptan. Ramiro se entera por la familia de su esposa; ella no le avisa por temor a confesarle su falta. Encerrada en un cuarto del ministerio público, custodiada por elementos de la Policía Estatal Preventiva, es incapaz de armarse de valor para enfrentarlo, para decirle que faltó a su confianza, que puso en riesgo el amor de su familia por 10 000 pesos, dinero que jamás recibió.

Tres días después la visita su marido. Ella teme que le solicite el divorcio y la aleje de sus tres hijos. No es así. Ramiro le reitera su amor, con un compromiso mayor que la primera vez, cuando eran novios.

"A mi esposo yo ya le dije que si se iba a separar, pues que ni modo. Yo ya estoy aquí, sé que cometí un error muy grande —admite— y ya me dice él que ni modo, que no me iba a dejar sola."

"Te dejaré ya que salgas, pero mientras estés aquí, no", promete él. Esa promesa es su sedante para conciliar el sueño cada noche que pasa junto a otras seis reclusas, presuntas culpables de secuestros y robos, con quienes comparte esa habitación de aproximadamente cinco metros cuadrados.

Cuando Amalia obtenga su libertad, Diego y Samara serán adultos, con 25 años y 23 años de edad, respectivamente; el pequeño Carlos alcanzará los 10 años. Entonces se habrá perdido la mejor etapa de una madre: ver crecer y educar a sus hijos.

★ ★ ★

Roberta, pasos perdidos

Aunque lo dudó por unos minutos, salió hasta la banqueta; quizás si lo hubiera pensando un poco más la policía no la hubiera aprehendido. Pero ¿cómo?, si estaba en el éxtasis que los adictos alcanzan con dos pases de cocaína.

Al abrir la puerta que da justo a una calle de Culiacán, el efecto se disipó más rápido que el arribo de un grupo de elementos de la Agencia Federal de Investigación, que la rodeó en cuestión de minutos. Dos de ellos tomaron sus brazos, la giraron y colocaron las esposas en sus muñecas.

Sus palabras fueron concretas y rápidas: "Estás bajo arresto". Roberta no se resistió, tampoco pidió explicación alguna. Lo tenía más que claro. Hacía cinco años que escapaba de la justicia mexicana acusada de la venta de drogas al menudeo.

UNA VIDA BAJO EL EFECTO DE LA DROGA

A Roberta siempre le ha disgustado seguir las reglas. A los 14 años ya era madre. Se unió a José sin ningún compromiso legal, pero después de cuatro años de una convivencia desafortunada y dos hijas por fortuna, se separó de él.

Sin la ayuda de su esposo mantenía a sus dos bebés menores de cuatro años. Primero se empleó como trabajadora de limpieza en un restaurante, en el cual sólo resistió tres meses.

Su cuerpo no soportó el dolor de espalda que le provocaba la escoba y el trapeador después de limpiar el lugar 10 horas seguidas por 500 pesos semanales.

Menos toleró que su agotamiento físico fuera insuficiente para alimentar y vestir a sus dos pequeñas. Así que empezó a trabajar como mesera en una cantina y terminó como prostituta por 1 500 pesos diarios.

"Me encontraba en una situación bien difícil, porque yo no tenía el apoyo de nadie. Mi mamá se enfermó y ella ya no podía trabajar y nada de eso", dice.

"Entonces [ser prostituta] era mi mejor solución para sacar adelante a mis hijas; yo pensaba que haciendo las cosas malas iba a poder lograrlo."

En sus jornadas nocturnas se inició en el consumo de las drogas. Probó la cocaína para soportar las horas de desvelo. Y lo que comenzó como un método de disipación del sueño se convirtió en su mayor adicción. Tan sólo tenía 20 años. Bajo su efecto deambuló durante los 14 años siguientes.

"Me puse a trabajar en un bar. Yo no me quería drogar, pero mis compañeras ya se drogaban. Pues como yo trabajaba en el bar nos daban un cuarto para dormir, porque salíamos a las cuatro de la mañana, y yo despertaba con la nariz retacada de *perico*".

Su dependencia fue en constante aumento. Las porciones de cocaína que en un principio violentaban sus sentidos, después ya no tenían éxito en ella. Roberta clamaba dosis más fuertes, más, más, más.

Una noche que jamás olvidará, una compañera le platicó y describió los efectos del *crystal*, *ice*, *hielo* o *foco*. Se interesó rápidamente. Pero 17 años atrás esa metanfetamina no se conocía aquí; sólo se podía conseguir en Tijuana.

No lo pensó siquiera. En ese momento se dirigió a tomar un autobús, se aventuró a la frontera norte sin medir sus acciones una vez más. Llegó con los contactos de su compañera, quienes le consiguieron la droga a cambio de todos sus ahorros.

En el departamento de un amigo sintió por primera vez el efecto del *crystal*. Lo recuerda bien: acercó poco a poco la mezcla de compuestos venenosos a su nariz. La inhaló tres veces: en la primera repudió ese olor sólido, agrio, fétido; en la segunda, lo soportó, y en la última, abandonó por completo sus sentidos.

Ese efecto la acompañó durante dos días. Al disiparse, lo repitió una y otra vez. Una y otra vez durante cinco largos años. Por 60 extendidos meses. Durante 1 825 días olvidó que en casa la extrañaban sus pequeñas bebés, quienes crecieron sin sus cantos de madre.

Roberta no intentó alejarse de la droga siquiera; al tercer consumo ya era su esclava. Se olvidó de vivir: no se duchaba, no probaba alimento, tampoco dormía. Sólo visitaba a su familia por 15 días cada tres meses.

Yo duré 14 años sin dejar un día de drogarme; eran mis salidas. Ahorita, con el *hielo* me pongo y limpio el cuarto, lo hago para un lado y para el otro. Y no dormía. Me daba por estar platicando, nunca me daba por estar sentada. No. Llegué al grado de que no quería vivir, pues solamente vivía para drogarme y me drogaba para vivir.

A VENDER DROGA

Al poco tiempo en Tijuana consiguió una pareja proveniente de una familia de cadenas hoteleras, que también se drogaba. Vivían juntos en un departamento rentado. Pero sus constantes discusiones con los vecinos fueron el punto de quiebre para regresar a la capital sinaloense.

Continuó con su vida, en la prostitución y en las drogas; sin embargo, esta vez abandonó el *crystal*. Cuenta:

Como me empecé a drogar, luego me junté con muchos drogadictos, y ya los drogadictos querían que yo les regalara la droga, y yo dije: "Es mejor que, en vez de regalárselas, pues mejor se las vendo y ya compro para mí".

Yo nomás compraba mi consumo y les vendía a los que consumían conmigo. Más bien yo compraba mi vicio, y de mi vicio yo les vendía a los demás. Más bien yo no tenía un negocio en el que tú dijeras: "Yo le vendía a alguien droga"; yo no era una *narca* de esas que venden drogas. No.

Si a sus manos llegaban 500 o 1 000 pesos diarios, todo iba directamente a la compra de drogas. Ése era el círculo. Cincuenta pesos por un pase de cocaína. "Pero yo casi siempre anduve con las personas que compraban drogas, pues. Nos drogábamos juntos."

En la casa ubicada en la colonia Toledo Corro convergían vidas con caminos extraviados. Aun así, en su mapa mental tenían señalado ese punto como el sitio de los excesos: la "bolsita" de cocaína o mariguana comprada a 50 pesos y la porción de heroína adquirida por unos pesos más eran suficientes para perder la conciencia por días. En ese lugar sólo recobraba el conocimiento para robar y conseguir más dosis. Fue al salir del lugar del vicio donde detuvieron a su amigo Nacho, con posesión de mariguana entre su ropa.

Al capturarlo la Policía Estatal Preventiva, él delató dónde y con quién conseguía el estupefaciente. Con la denuncia, giraron una orden de aprehensión contra Roberta.

Pero ella fue capturada cinco años después, a pesar de que siempre vivió en el mismo domicilio y jamás intentó huir.

Un muchacho *me puso el dedo* porque dijo que yo le había vendido una bolsa de mota; fue cuando me giraron la orden de aprehensión.

Ese día [del arresto] acabábamos de llegar del panteón, porque se había muerto un familiar mío, lo había "machucado" una góndola, y mi hermano vino desde Chihuahua.

Estaba haciendo comida para darle a mi hermano, estaba limpiando la casa y eso. Y llegó una señora y me preguntó por mi hermana, y se me hizo bien rara.

Desde que yo la vi se me hizo de una vibra que no era normal; pero ha de ser que vengo llegando del panteón, pensé. Y ya le dije: no está.

La mujer, que estaba parada en la banqueta sin poder cruzar el cerco que la dividía de su presa, le dijo a Roberta que quería saldar una cuenta que debía a su hermana. Lo que a ella le pareció bastante raro, pero finalmente decidió aceptar el dinero.

"Nunca había conocido a nadie que debiera y viniera a pagar", dice. Y aunque lo dudó, salió hasta la banqueta a tomar el billete de 100 pesos que le ofrecía aquella mujer. Roberta estaba bajo el efecto de dos pases de cocaína; jamás imaginó que estaba tratando con un elemento de la Agencia Federal de Investigaciones.

"Entonces me dijo: 'Le voy a pagar todo'. Cuando me dio el dinero, pues me agarró de la mano." La giró para después colocar sobre sus muñecas las esposas. Roberta no recuerda haber escuchado el paso sigiloso de los vehículos de la AFI al acercarse a su casa ni el arribo del resto de los policías.

A CUIDARSE LAS ESPALDAS

Detrás de esos muros del Centro de Ejecución de las Consecuencias Jurídicas se encuentran alrededor de 73 mujeres por delitos del fuero común o federal. Tras esas murallas la vida es un arte de sobrevivencia.

En el cuarto donde Roberta purgaba su condena había siete *piedras* para dormir, cuatro en la parte inferior y tres en la superior. Ella convivía cercanamente con mujeres presas por estafa, secuestro y robo en una habitación de cinco por cinco metros cuadrados. Una mazmorra donde un malentendido explotaba en cuestión de segundos, con una potencia que alcanzaba una pugna.

"Y todos los días es un problema porque no vivimos solas, pues vivimos varias donde vivo, y soportar el humor de cada persona es muy difícil."

Para sobrevivir, Roberta seguía una insoportable regla: aprender a callar y mantenerse alejada del resto de sus compañeras.

"Portarme bien y no hablar. Saber cuándo voy a abrir la boca —explica—; si una pregunta le hacen a uno, tener uno tacto para contestar, porque muchas veces unas se levantan [y le dicen] fíjate que la fulana esto y el otro [y ella responde] no pues Gloria a Dios. Ahí se la echan ellas."

En el interior del reclusorio las diferencias entre presas llegaban hasta los golpes.

Hace poco golpearon a una muchacha, y ahí sí no estuvimos nosotros de acuerdo, porque, o sea, todos somos seres humanos, y no merecemos que nadie nos trate mal, y yo supe, supo todo el módulo, que habían golpeado a una muchacha.

Y la muchacha anda bien golpeada, y la habían golpeado otras compañeras. Y la verdad no sé cómo quedó el problema ése, por qué se hizo. No sé.

Entre silencios y secretos obligados, y recuerdos añorados por el corazón, Roberta pagó dos años con cárcel, de los más de tres años signados en su sentencia. El 24 de febrero de 2011 fue puesta en libertad al serle condonado un año por buen comportamiento. Desde temprana edad la ex convicta se desarrolló en un entorno de conflicto y drogadicción. Seguramente no será fácil alejarse de él.

A su salida se reunió con sus hijas, que viven en la sierra de Badiraguato. Actualmente, personal del Órgano Descentralizado de la Secretaría de Seguridad Pública Federal busca a Roberta para aprehenderla de nuevo por no firmar su carta de libertad condicional. Se presume que regresó a Tijuana.

★ ★ ★

Mirna, un árido viaje

Mirna duerme ocultando un paquete con cocaína en su espalda. El autobús en el que viaja ha recorrido alrededor de 1 118 kilómetros de carretera durante las últimas 15 horas, cruzando sin problema el retén El Desengaño en Ahome. Le falta superar la prueba máxima: el retén del Ejército, ubicado en Sonoyta, Sonora. El peligro parece remoto.

A sólo 297 kilómetros de su destino, Mexicali, Baja California, el vehículo se detiene. Ahora está en territorio militar.

Dos uniformados suben y se dirigen hacia Mirna. Uno de ellos sujeta su hombro y la llama para que despierte. Su sueño se espabila con un súbito movimiento.

Le instruyen a que los siga a paso inmediato. Sus sentidos tardan en responder; se petrifican ante el temor de ser descubierta.

Se levanta lentamente de su asiento, olvida su pequeña maleta por girar su cabeza alrededor, ante la inquietud generada por ser la única a quien le exigen bajar.

Sigue a los militares temiendo que su presagio sea verdad y que sus cómplices la hayan traicionado informando a las autoridades que trata de trasladar droga a la frontera.

Considerada ahora como una *mula* por el narcotráfico, se vuelve más contundente el supuesto de que, mientras ella era retenida, un cargamento con más volumen de droga cruza el desierto sin problema hacia Estados Unidos.

EL CRUCE DESÉRTICO

Unas semanas atrás, en una de las tantas visitas al taller para reparar su "carcacha", su mecánico, Gilberto, le propone entregar un automóvil nuevo y 10 000 pesos a cambio de transportar droga en su cuerpo.

Cada vez que se me descomponía [el automóvil], pues iba al taller, y pues tú vas a un taller y conoces a personas... y como me miraban seguido, con la misma falla [el mecánico decía:] "Estás sufriendo porque quieres, y mira que tienes agallas; puedes hacer esto y hacer el otro..."Y yo, ¿cómo? En ese momento piensas en si hacerlo y no hacerlo.

En un inicio rechaza la oferta por convicción pero sobre todo por miedo a ser atrapada. Sin embargo, cuando se es empleado de un comercio cuyo sueldo no permite proveer las necesidades más básicas de un hogar: comida, vestido y educación de sus tres bebés, la propuesta deja de ser una oferta y se convierte en una única opción en esta ciudad donde algunos negocios se sostienen de la delincuencia organizada, y los otros mantienen alguna relación. De lo contrario difícilmente sobreviven.

Adentrada en este círculo, ella decide tomar un autobús y cruzar el desierto de Sonora, uno de los más grandes del mundo con un área de 311 000 kilómetros cuadrados, donde en un día de verano la temperatura supera los 50 grados centígrados y en una noche de invierno cae hasta menos cinco.

"Me animé un día, en un desespero porque no tenía pa' las inscripciones de la escuela de los niños y de mis hermanos. Ver la carencia que había en mi casa, entonces dices tú: 'A ver, oiga, ¿me voy ahorita y mañana vengo?'"

El domingo siguiente Mirna deja la comida familiar en casa para dirigirse a la central de autobuses. Sale cargando un paquete con cocaína sujetado a su espalda con cinta canela que se camufla con su tez. La droga se disimula bajo un suéter que se ajusta aún más a su figura curvilínea de apenas 25 años.

Ante sus padres y sus hijos justifica que estará con una amiga en la compra y venta de ropa importada. Ellos le creen.

Después de viajar aproximadamente 1 118 kilómetros en 15 horas, llega al punto de revisión ubicado en Sonoyta.

"Iba dormida, cuando desperté era porque ya tenía a los soldados en el autobús, y me dijeron: '¡Bájese!', y pues dije: 'Me voy a bajar'."

En ese momento Mirna siente un aire frío que recorre su cuerpo, un viento gélido que congela poco a poco sus movimientos. A paso lento camina a un cuarto de las fuerzas castrenses. Un militar se coloca frente a ella y se pone en cuclillas. Extiende sus brazos y comienza a revisarla. Desliza las palmas de sus manos, primero sobre sus piernas; después continúa por su espalda.

Detecta un volumen con "algo", le ordena a Mirna que se quite el suéter y levante la blusa. El militar ve la cinta canela y la quita de un movimiento. Toma entre sus manos aquel paquete.

Entonces la cuestiona sobre cómo consiguió el estupefaciente. Mirna se niega a responder. Sostiene que es su primera vez en el transporte de droga y que desconoce los nombres de las personas que la reclutaron.

Niega también tener información sobre las rutas y los tratos de compraventa de droga. Eso enfurece a los oficiales.

Ante la negativa, los cuestionamientos suben de tono; se tornan agresivos: "Usted sabía, usted conocía, cuántas veces lo ha hecho... No es la primera vez que lo hace, la hemos visto pasar", repite el soldado.

"Un temor horrible se siente, una cosa muy fea, más que el soldado te esté atacando", expresa Mirna.

El militar le exige que confiese. Insiste: "¿Cómo conseguiste la droga? ¿Quiénes son tus cómplices? ¿Cuál es tu destino? ¿Quiénes son los compradores?"

No hay respuesta. Después de horas de un interrogatorio repetitivo, los uniformados cambian su táctica; convencen a Mirna de que su misión era distraerlos, ser un señuelo para que sus cómplices ganaran tiempo al traspasar un cargamento voluminoso de droga.

La mente de la joven ata cabos y lo cree. Se declara culpable. Ocho años después esa conjetura no ha sido confirmada; tampoco desechada.

EL PRECIO DE LA LIBERTAD

Mirna es trasladada al ministerio público de Puerto Peñasco. En el trayecto de aproximadamente 100 kilómetros, los soldados le proponen concederle su libertad a cambio de un pago por 450 000 pesos en un periodo de 72 horas.

> Me llevan al ministerio público ahí en Puerto Peñasco, y de ahí no paro de llorar; lloro toda la noche, toda la noche. Llore, llore y llore…
>
> Me pedían 450 000 pesos para soltarme de ahí, del ministerio público, y yo: "¿De dónde? Si no tengo ni mil [pesos]. Los soldados me dieron 72 horas para que les juntara el dinero.

Aunque anhela conseguir esa cantidad para regresar a casa con su familia para sentir de nuevo el amor cálido de sus tres bebés y olvidar los barrotes fríos de la celda, sabe de antemano que en casa no hay dinero.

Ahora, en el ministerio público espera a ser remitida a la prisión de Nogales, donde la justicia mexicana la encuentra culpable y la sentencia a 16 años con ocho meses de reclusión. En una apelación logra una reducción a 10 años y seis meses.

Pasa los primeros cuatro años de su encierro en la cárcel fronteriza. En prisión festeja Navidades y cumpleaños en ausencia de sus seres queridos. Por ello pide su traslado al Centro de Ejecución de las Consecuencias Jurídicas en Culiacán.

"…MI META ES APRENDER, APRENDER Y APRENDER"

Encerradas, alejadas de los suyos y durmiendo junto a unas convictas más peligrosas que otras, la depresión y la envidia se contagia al menor contacto entre las prisioneras, como el cólera entre los sanos; Mirna intenta ser la diferencia. A su llegada se convence de que para sobrevivir al cautiverio debe enfrentar a su mayor enemigo: la soledad.

"Hay un reto de decir: 'Me voy a deprimir y no voy a levantarme, y no quiero saber de nada' —dice—; a mí no. A mí me dio para estar arriba. A mí me dio para decir: 'Mi meta es aprender, aprender y aprender; y enseñarme lo que no pude hacer afuera'."

Durante sus primeros cuatro años cumplidos en la prisión sonorense, y cuatro más en el Centro de Ejecución de las Consecuencias Jurídicas en Culiacán tras su petición de cambio, se desempeña como encargada de los departamentos de plomería, electricidad, mantenimiento y asesoría legal.

A pesar de sus logros, su estancia no es nada fácil, pues siempre trabaja para solventar los gastos de alimentación y educación de sus hijos, que ahora cursan la primaria y la secundaria.

Trabaja limpiando las mazmorras de otras reas por tan sólo 15 pesos.

"Quince pesos [cobraba] y te hacía seis, siete aseos diarios; ya me ganaba 100 pesos diarios. Y había veces que te lavaba y planchaba ajeno al otro día, ropa de los mismos celadores, y ya ganaba otra feriecita más."

Mirna siempre se exige más de lo que sus propias fuerzas pueden conceder. Su determinación le permite resistir los olores fétidos que se desprenden al limpiar los retretes una y otra vez.

"Cuando yo metía mi cabeza a una letrina decía: 'Señor, todo esto tengo que hacer, porque tengo que madurar, tengo que dejar de ser menos infantil en este lugar; dame todo lo que tú quieres y yo lo merezco'. Me metía y abría las tapaderas de los drenajes."

A diferencia de las 73 reclusas internadas por diferentes delitos en el Centro de Ejecución de las Consecuencias Jurídicas, Mirna tiene una intensa participación en las actividades: estudia desde la primaria hasta la preparatoria; aprende a tejer y a coser; dirige a la escolta; también es payasa, escribe y actúa en obras teatrales.

Sus ganas de superación dentro de esa prisión que amuralla prisioneras con sentimientos revueltos, entre tristezas infinitas y efímeras alegrías, hacen posible que un juzgado le conceda su libertad condicional. El 24 de febrero de 2011 abandona la cárcel junto con Roberta.

Para la celebración del Día Internacional de la Mujer, el 8 de marzo de 2011, personal del área de Prevención de Delitos de la Secretaría de Seguridad Pública estatal buscó a Mirna para pedirle que diera una charla acerca de su vida fuera de prisión. Al término se le ofreció trabajo. Actualmente aconseja a jóvenes sobre las consecuencias de involucrarse en el narcotráfico.

3

La infancia en una familia *narca*

MAYRA ARREDONDO GUARDADO

PRIMEROS RECUERDOS

El recuerdo más temprano que tiene Brenda del narcotráfico es el asesinato de su padre. Durante su infancia no supo a ciencia cierta lo que había sucedido, sólo tuvo ideas vagas. Recuerda de manera difusa que cuando ella contaba con seis años de edad, su mamá platicaba con una amiga y le preguntaba "cómo había pasado lo de su esposo". No quería hablar del tema frente a Brenda, pues consideraba que su hija aún era muy pequeña. Pero un día, cuando ambas se encontraban en la casa de la abuelita —con quien vivieron muchos años—, afuera su progenitora conversaba al respecto con algunas señoras, sin sospechar que la niña escuchaba el relato: "Duró muchos días perdido, no se sabía nada de él. Cuando lo encontraron, los animales ya se lo estaban comiendo. Y parece que lo torturaron, estaba amarrado y le cortaron las manos".

Aunque en ese momento no lo razonó de esa manera, pudo sentir que ese tipo de situaciones no pasaba con todos los papás; que había algo mal, que eso no era normal.

Siempre miró muchas diferencias en la familia. Sus tíos maternos se comportaban de una manera y los paternos de otra; estos últimos constantemente se veían involucrados en asuntos turbios. Supo que su papá fue asesinado porque tenía que ver con el narcotráfico; sin embargo, desconocía hasta qué grado. Su mamá, ya siendo Brenda más grande, le dijo que nunca habló con él abiertamente del tema, que ella jamás quiso saber más; lo sabía y punto. No obstante, conocía más detalles de las actividades del abuelo de su hija, quien fue sicario, como también lo fueron los hijos concebidos de su primer matrimonio. Esto lo descubrió Brenda en el momento en que ingresó a la secundaria.

Los abuelos paternos vivieron en la sierra, donde también nacieron algunos de sus hijos, así como el papá de Brenda, quien creció en un poblado cercano a Cosalá. En aquellas tierras se acostumbra estar cerca de las armas, el monte, los corridos, las tejanas y las botas. En tiempos pasados esas prácticas eran comunes, y aún prevalecen pero con algunos cambios. Brenda comenzó a darse cuenta de esto cuando su mamá la llevaba a visitar a los padres de su padre.

Su abuelo tuvo una segunda esposa, con quien vivía en otro rancho cerca de Cosalá. La abuela se quedó en Culiacán, y en su casa siempre había familia que Brenda no conocía, como algunos primos que venían "del otro lado" donde estaban trabajando; no recordaba ni de quién eran hijos, pues entre tantos tíos muertos era difícil hacerlo. Todos los primos que regresaban de Estados Unidos al rancho lo hacían con *troca* nueva.

Para Brenda, muchas cosas del rancho del abuelo pasaron inadvertidas; es el lugar en el que —se dice— "matan gratis", pero no es cierto, pues para muchos matar es un trabajo por el que se paga. Junto a ese sitio existe otro rancho donde se ve a muchos narcos; el ambiente es similar; tal vez lo que los distingue es que en el del abuelo circula menos dinero. Sin embargo, la forma de pensar es la misma: comparten gustos por la música, la ropa y los automóviles, además de intereses particulares como las armas, el sentirse respetados y ser unos *chingones*.

Desde pequeña, Brenda percibía el respeto mostrado a esos señores. Algunos los veía en Culiacán y no eran como los tíos o como los vecinos. Ella se daba cuenta de que poseían mucho dinero; lo demostraban a simple vista con los carros y sus formas de vestir. Pero aún desconocía a qué se dedicaban.

Durante la primaria

Al abuelo y a sus hijos siempre les gustó el monte, usar armas y vivir tranquilos en el rancho, pues la ciudad no les gustaba. No sucedía lo mismo con las generaciones más jóvenes, cuya aspiración sí era radicar en el entorno citadino, como las tías. Ellas eran bonitas y con estudios; muchas se casaron con narcos al terminar la universidad. Una de las hermanas menores del papá de Brenda se casó con el narco que tenía más poder en ese tiempo; vivía en un ranchito cerca de Pueblos Unidos. Por esta tía Brenda experimentaba especial curiosidad; de niña le gustaba admirarla porque siempre se esmeraba en su arreglo, usaba ropa muy llamativa, tacones altos; se pintaba el cabello rubio y lo usaba muy largo, y habitaba en un enorme rancho donde sólo había cinco casas espectaculares.

Brenda también observaba a otras mujeres similares a la hermana de su papá que vivían como reinas.

Con el tiempo verlas de esa manera se volvió normal para ella: vestimenta elegante, escucharlas hablar de la sierra y hasta cierto punto de armas… De algún modo sabía que su familia había crecido en la sierra y que allá la situación era distinta.

No lo percibía como algo malo; además, la familia también la integraban muchos policías, que si trataban con armas era por su trabajo. Después se dio cuenta de que el trabajo de policía era parte del mismo negocio.

A los seis años Brenda ya sabía vagamente lo que era un narco, aunque nunca nadie se preocupó por explicarle esas cosas; solamente lo sabía y en su mente había acumulando más datos acerca de ese tema sin que lo notara.

Tuvo conciencia de eso cuando murió un hombre que jamás había visto antes ni había tenido contacto con él, pero a quien el día de su fallecimiento todos le lloraban. Su deceso causó un enorme impacto en el pueblo. Había muerto un *pesado*, el narco más conocido y respetado.

Brenda atestiguaba la tribulación de los vecinos y en la misa fúnebre escuchaba sus sollozos, los cuales continuaron mientras caminaban tras la carroza que, seguida por una banda, trasladaba el cuerpo al cementerio. Pocas personas conocían su nombre, pero no había alguien que no conociera su seudónimo y su lujosa casa. La enorme tumba en la que fue sepultado sobresalía entre las demás por su estructura, semejante a una capilla.

Brenda estudió en una primaria pública en la que tuvo como compañeros a algunos hijos de narcotraficantes. Ahí no se hacía mucha distinción hacia ellos; sólo recuerda que esos niños se sentían más importantes que otros, querían ser siempre el centro de atención y estaban acostumbrados a mandar.

En alguna escuela privada Brenda tuvo tres amigos; era un trío de hermanos a quienes los demás niños hacían llorar y rechazaban por ser hijos de narcos que, sin embargo, en la secundaria se convirtieron en jovencitos muy populares.

A los 11 años, por primera vez Brenda tuvo oportunidad de interactuar abiertamente con sus tías en sus conversaciones cotidianas. Durante una plática hacían bromas de la pistola que estaba en el sillón más grande de la sala, en la que permanecían sentadas. Eso sucedió en Culiacán, en casa de un tío, hermano de su papá, donde pasaba el fin de semana con sus primas. Tenía poco tiempo ahí, y al descansar en el sofá se recargó en un cojín que apoyaba contra el respaldo. Su tío bromeaba con la esposa:

—¡La mujer, con la pistola en la bolsa, no ha de saber ni disparar!

Después de reírse por el comentario, la tía respondió:

—Una nunca sabe, yo siempre me prevengo; ni en la casa me descuido. Ahí entre Brenda y Bere tengo otra escondida.

Después, su prima movió el referido cojín y dejó ver un arma. Ese día lo recuerda con claridad; no le sorprendió lo que pasó, más bien pudo sentirse más cercana a ellos.

Desde pequeñas las primas veían en sus casas pistolas y escuchaban pláticas relacionadas con el narco. Sus tíos siempre estuvieron inmiscuidos en esos asuntos pero parecía que llevaban vidas normales; tranquilas, hasta cierto punto. Brenda pensaba que todos los que radicaban en Culiacán debían ser narcos. Parecía que podían tener un trabajo común y también dedicarse al tráfico de drogas.

A las primas les agradaba mucho ir al rancho; hablaban con gusto con los demás de su familia de sicarios, como si eso de alguna manera constituyera un motivo para sentir orgullo. Les gustaba montar, estar lejos de la ciudad, sentirse en el monte... Los primos de las generaciones jóvenes sienten aversión por la vida sencilla; quieren camionetas y dinero, vestir con ropa de marca. A ellos, al igual que a todo narco que hasta hoy ha conocido, les satisface mucho tener novias bonitas.

ADOLESCENCIA

Para Brenda, la adolescencia fue la etapa de mayor familiaridad con el tema del narco. A partir de los 15 años ya tenía permiso para salir a fiestas. En una de las festividades de un pueblo se le acercó un joven. Cuenta que primero la observó unos segundos y no le pudo sostener la mirada; cuando levantó la vista estaba cerca de ella y le dijo de manera muy firme: "No tengo mucho tiempo, ya me tengo que ir. ¿Me puedes dar tu número de celular?" Y se lo dio. Le llamaba todo el día; recuerda cómo le daba pavor cuando le preguntaba: "¿Dónde vives?, te quiero llevar la banda", y ella pensaba en su mamá. ¿Cómo le explicaría quién era, que venía de Pueblos Unidos, que era sobrino de un narco y que vivía en la casa de aquel mafioso muerto nueve años atrás.

Esa desesperación no duró mucho tiempo, pues aproximadamente tres días después de conocerlo, desapareció. Posteriormente se enteró de que lo habían *levantado* y, cuando pasaron tres semanas, lo liberaron y ahora permanecía en Morelia. No estaba enamorada, pero sentía mucha tristeza. Imaginaba lo que debían sufrir las esposas de esos hombres asesinados. Empezaba a experimentar temor por esa clase de vida.

A pesar de no desearlo ni buscarlo, siempre alguien cerca de Brenda —familiares o amigos— se dedicaba al narco. Ella no lo veía como algo común, pero si se relacionaba con ellos, sabía que no le harían daño; prefería que la conocieran y la trataran con respeto.

Una amiga le platicó acerca del amor de su vida, quien nació en Pueblos Unidos pero vivía en la Unión Americana; la visitaba esporádicamente, dos veces al año, o algo así. En una de esas visitas le tocó conocerlo y le impactó el auto que traía, nunca había visto algo así; no sabía qué modelo era, pero parecía un tanque de guerra; él presumía que estaba blindado, y que siempre iba armado.

Era un joven de aproximadamente 21 años de edad, ni alto ni guapo; no parecía del gusto de su amiga, quien había sido reina del pueblo y poseía muchas otras coronas.

A la siguiente semana, Brenda y su amiga se vieron en la preparatoria; ésta ya llevaba un celular nuevo —en ese tiempo, lo más caro— que costaba alrededor de 4000 pesos. Le explicó que se lo había regalado su novio, el del auto blindado; le contó que siempre le obsequiaba cosas. Y olvidándose del tema, le compartió una confesión: Brenda le gustaba al hermano de su novio, y ella le aconsejaba que le hiciera caso porque aquel muchacho era afecto a dar regalos buenos. "Si te pones lista hasta carro le sacas", sugirió. Ignoró la recomendación, pues estaba segura de que eso no era para ella.

Brenda me platicó también que trabajando con él comenzó a ganar dinero. Comentó que sólo por ir a la farmacia a comprar un medicamento controlado le había pagado 3000 pesos. Al igual que muchas de las jóvenes que la rodeaban, ella estaba deslumbrada por los narcos.

Cuando terminó la preparatoria se fue a vivir a Culiacán, donde continuó su relación con amigas del pueblo en el que creció; muchas de ellas parecían estar viviendo los mejores momentos de su vida al conocer a tanto *buchón* y comprarse tantas cosas que no encontraban en su lugar de origen.

Cada fin de semana visitaba a su familia en el pueblo. Todo es diferente; definitivamente el ambiente ha cambiado en pocos años. Ahora la violencia es más intensa, se respira; las calles están llenas de lujosas camionetas y corridos. Los corridos de ahora son grotescos; su papá tenía el suyo y es muy distinto a los que actualmente se escuchan.

Cuando llegaba al pueblo siempre buscaba a Miriam, una chica que fue reina de belleza en numerosas ocasiones y que había ganado coronas desde los cinco años de edad; eso le resultaba más atrayente. Desde su adolescencia, Miriam tuvo pretendientes que se dedicaban al narcotráfico; le gustaba tomarse fotos con armas, le agradaba mucho ese mundo.

Siempre expresaba su deseo de ser más que una novia de un mafioso, y si continuaba con ese deseo lo iba a lograr. Desde que estaba en secundaria la veían como un símbolo del narco; si tenía un novio, seguramente era mafioso. Todos los mafiosos querían estar con ella. En una ocasión en la que concursó para reina, se rumoró que había pedido el patrocinio a un narco. Era un secreto a voces, hasta que un día se la quisieron *robar* saliendo de la prepa. Su mamá se la llevó unos días. Después se supo todo: un señor les había dado 50 000 pesos para que ella ganara, y como después no quiso andar con él, intentó robársela.

En su primer año de universidad conoció a un joven egresado de la escuela de química, quien platicaba mucho con ella. Le contó que cuando murió su papá él se había hecho cargo de todas las responsabilidades de la familia y se inmiscuyó en el narcotráfico.

Brenda vivía con una amiga y siempre escuchaba decir a la mamá de su compañera —una mujer que había vivido la mayor parte de su vida en Culiacán—: "Ésta es una nueva ola de *buchones*; ahora hasta son contadores; de todo estudian pa' andar en eso nomás".

Ya no percibía mucha diferencia entre las personas del rancho y la gente de la ciudad; parecía que ahora en ambos lugares había demasiados *buchones*.

Tiene un recuerdo que siempre la hace reflexionar. Estaba en compañía de otra amiga del pueblo que le dijo:

—En la ciudad hay tanta gente rara. ¡Mira, ese parece loco!

Era un joven de cabello largo, con anteojos y un pantalón roto. Brenda le contestó:

—Se ve como *hippie*, ¿verdad?

Su amiga la miró extrañada y le preguntó:

—¿Qué es eso?

Brenda la explicó que era algo como un estilo, que así le gustaba vestir a aquel muchacho, a lo que la amiga respondió muy extrañada:

—Yo creía que nada más había *fresas* y *buchones*.

Brenda pensó en todo lo que su amiga no sabía y en lo limitada que había estado para escoger lo que ella quería ser.

Durante el segundo año en la universidad vivió uno de los peores momentos de su existencia cuando conoció a un hombre por el que aún siente temor. Una noche salió a cenar con una tía y ambas regresaron a casa caminando; solamente tomarían la avenida principal.

Cuando transitaban a pie, un vehículo con varios jóvenes a bordo pasó por su lado; dos calles adelante las interceptó con la intención de preguntarle a Brenda su nombre. Junto a la tía ella caminó en dirección contraria y el auto se fue; ambas mujeres retomaron el rumbo pero una cuadra después sucedió lo mismo. Esta acción se repitió varias veces hasta que, sin dejar de insistir en su propósito, el auto se alejó en sentido contrario sobre la avenida principal.

Frente a la plaza se encontraron a unos amigos de la familia, quienes ofrecieron llevarlas hasta el domicilio de la tía. Uno de ellos manifestó su disposición por ayudarlas en cualquier cosa, e incluso insinuó conocer gente que se podía encargar del asunto.

A la mañana siguiente, el mismo conductor sospechoso que las había seguido pretendía acosar de nuevo a Brenda afuera de la casa de la tía. De día era muy diferente, razón por la cual Brenda decidió entablar conversación con este individuo que decía llamarse de un modo pero que en su trabajo lo conocían por otro. Tenía 19 años y aparentaba ser un poco tonto e inofensivo, características que la mamá de Brenda, cuando tuvo oportunidad de conocerlo, percibió también.

El misterioso personaje continuó buscando a Brenda; pasaba por su casa intercambiando información con un aparato de radio, y cuando externaba claves que ella no entendía, se apartaba para hablar a solas. Brenda siempre lo consideró muy presumido, pues con prepotencia hacía alarde de que trabajaba para un narco que en esos momentos permanecía escondido en el pueblo. Podía ser cierto, pero para ella esa situación no era importante.

En otra ocasión pasó por su domicilio, la saludó y le dijo: "¿Quieres ver lo que me compré?" Y cuando bajó el cristal de la ventana ella miró un fusil AK-47, mejor conocido como *cuerno de chivo*. Brenda ya había visto armas en muchas otras ocasiones, pero una como ésa, nunca. A pesar de que no sabía mucho de esos instrumentos, pudo darse cuenta de que aquélla era muy cara, pero sobre todo peligrosa. Junto al rifle también había cargadores, chalecos, balas y muchas cosas que desconocía específicamente para qué se usaban, pero a simple vista le parecían letales.

La intención de aquel hombre al enseñarle esa arma era únicamente hacer alarde, pero a ella esa acción le infundió mucho miedo; ya no quería ni hablarle. Comenzó a portarse indiferente con él, pero le producía pánico rechazarlo de manera tajante. Un día aquel muchacho llegó a su casa para platicarle algo que lo tenía muy triste. En ese momento pasó un vehículo muy cerca de su camioneta y, extrañado, le dijo a Brenda en broma:

—Es tu novio, ¿verdad?

Brenda contestó sarcástica:

—Sí, es mi novio.

Él la miró enojado y sacó un arma; le movió algo, la encañonó y le respondió:

—Está cargada y no tiene seguro… ¿Es tu novio?…

Brenda quedó petrificada por unos instantes; no sabía qué decir ni qué hacer, sólo pensaba alejarse de ese loco. Ella nunca bajó la mirada, apartó el arma con su mano mientras le reclamaba que una ofensa así no se la perdonaría, que la dejara en paz.

Él siguió molestándola hasta que un día casi lo matan; lo último que supo de él fue que estaba en un hospital; había recibido múltiples disparos.

Jazmín es una chica muy bella; Brenda la conoce desde la infancia, etapa durante la cual compartieron juegos. Jazmín siempre ha llamado la atención por su cuerpo esbelto y su atractivo rostro; ahora tiene 20 años de edad y se encuentra presa.

Desde que estudiaban la secundaria tuvo pretendientes relacionados con el narcotráfico, y con algunos llegó a salir. A los 16 años le regalaron un auto y constantemente recibía diversos obsequios; pensaba que apenas así saldría de la pobreza en la que siempre había vivido. Un año después Jazmín se fue del pueblo; perdieron la comunicación. Brenda sólo sabía de ella por lo que sus dos hermanos le contaban. Uno de ellos era cuatro años menor que Brenda; el otro, dos. Siempre tuvieron buena relación.

En una ocasión le informaron que Jazmín había contraído nupcias y que radicaba en Sonora con su esposo. Su familia comenzó a progresar económicamente. A través de *Facebook* la contactó y notó que en apariencia era muy feliz. Las fotos subidas a esa red social mostraban una casa lujosa. Le confesó ahí mismo que se había practicado una cirugía estética y jamás refirió nada de su esposo. Tiempo después ambos fueron detenidos y acusados de narcotráfico.

El rancho donde el abuelo de Brenda pasó sus últimos días y donde dejó 10 hijos aún es el sitio de reunión de la mayor parte de la familia que queda; ahí la vida pasa tranquila. Sus primas están casadas con mafiosos; otras son mujeres divorciadas. Les gusta ese espacio. Es la forma de vida que prefieren; no les gusta esforzarse mucho para conseguir las cosas.

Brenda enfoca sus recuerdos hacia una plática en la que su hermano expresaba: "Las plebes en el rancho andan preparándose para la siembra; hasta ellas siembran; ya no se les atora nada. La Chele ocupaba dinero para arreglar la troca, de ahí lo va sacar, y luego la Chuyita se compró una Cheyenne del año, ¡ya sabrás!"

La relación con su hermano no fue muy estrecha; no lo veía mucho. Platicaban esporádicamente. Él no le contaba sus cosas porque siempre la consideró muy chiquita. Él, como tantos primos, se iba a trabajar a Estados Unidos. Y todos se enredaban en asuntos de narcotráfico. El hermano vendía mariguana; hasta hace pocos años lo habló abiertamente con ella, aunque Brenda ya estaba enterada y también sabía que eso no era para él; no era como los demás: le faltaba más interés por el poder. Brenda piensa que más bien le resulta fácil ese mundo o que está involucrado en él sólo por tradición familiar.

Cuando llega una visita al pueblo el ambiente parece de fiesta. Todos se reúnen para comer o para montar y disparar armas de fuego. En una ocasión, quienes no las sabían manejar aprovecharon la oportunidad de "jalar" para enseñarse a cargar, a preparar y sentir el estruendo en la mano.

Brenda no lo hacía porque le causaba temor, pero escuchaba a sus tíos que ordenaban a sus primas: "Jálele, mi'ja, pa' que vea cómo se menea, por eso la tiene que agarrar fuerte". Y ya que sabían disparar, les enseñaban a afinar la puntería; era sencillo. Se trataba de encañonar hacia algún punto clave, a veces eran árboles o botellas. La primera vez que sus primas dispararon fue a los 13 años, y ellas, orgullosas, siempre platicaban cómo habían sido sus tiros.

Brenda también recuerda que escondían armas en los patios de las casas, donde las enterraban. Eran excavaciones poco profundas, hechas por los hombres con palas y otras herramientas de uso común. En tiempo de lluvia las rescataban de su escondite.

Brenda creció y comenzó a tener conciencia de las cosas; ahora las ve de manera diferente. Pero a diferencia de ella, muchos otros son incapaces de, por lo menos, darse cuenta de cuál es la situación. Viven el narcotráfico con toda normalidad, pues en apariencia no conocen otro mundo. Es como si su idea de una forma de vida se redujera a lo que han visto; no buscan algo diferente.

Otros, que no nacieron en familias *narcas*, se dejan envolver por ese medio, hasta llegan a buscarlo. Les gusta imitar, quieren pertenecer a él; es como un sueño para ellos, y quienes son parte de ese mundo ni siquiera se inquietan.

Estos últimos están ahí por pura ignorancia. Brenda no se imagina a esos familiares y conocidos leyendo un libro sobre narcotráfico porque muchos de ellos, como el abuelo, jamás han tocado uno.

Recientemente, frente al domicilio del abuelo, un narco compró una casa que, al igual que ocurre en otros lugares del pueblo, permanece siempre vigilada.

Algunos de los que se encargan de esas turbias tareas fueron amigos de infancia de Brenda, jóvenes que junto a ella vivieron en el pueblo y estudiaron en las mismas escuelas; muchos con vidas difíciles, otros no.

Un día, Brenda descubrió en aquella casa a una familia muy numerosa que venía de fuera. Se trataba de inmigrantes del sur de México, de aspecto humilde, que aún vestían las ropas típicas que acostumbran llevar en sus lugares de origen. Era extraño e impactante verlos habitando una casa tan lujosa. ¿Sabrían dónde se metían? ¿Verdaderamente estaban conscientes del riesgo que implicaba vivir en ese lugar?

Todos en el pueblo de Brenda comparten experiencias similares e ignoran cosas de otro mundo; el único estilo de vida que conocen es el del *buchón*.

Brenda creció en ese ambiente y siempre tuvo claro que el fin de esas personas era muchas veces la muerte o la cárcel. Por desgracia esa forma de subsistir se torna habitual. Aunque entendía que eso no era normal, lo veía tanto que llegó a pensar que tarde o temprano lo llegaría a ser. Ahora está completamente segura de que no es así y de que eso tiene que terminar. Pero no sabe cómo.

4

Las buchonas: las mujeres de los narcos

MARCO NÚÑEZ GONZÁLEZ
y RAMÓN ISMAEL ALVARADO

Mientras que no hay nada más fácil que culpar al diablo,
no hay nada más difícil que comprenderlo.

DOSTOIEVSKY

Son hermosas y el pecado es apartar la mirada a su vaivén. Fueron varios los factores que hicieron de este infierno llamado Culiacán —repleto de calor, balas, valles, colinas y áridos paisajes— la cuna y la tumba de un gran número de mujeres que generación tras generación han embellecido el entorno.

De mucha nalga y poca chichi, como popularmente describen los pobladores en un refrán a la mujer culichi —gentilicio de Culiacán—, poseen esa belleza que paulatinamente ha dejado fuera de foco la industria de la moda. Pero aquí aún existen y eso a nadie le molesta; los locales lo agradecen y los fuereños lo admiran. Por más estereotipos de belleza que se generen, el de ellas siempre estará entre los favoritos del sexo masculino. Frondosas, plantosas, amazonas.

Basta con pararse en una esquina de la larga avenida Obregón, en Culiacán, para girar repetidamente el cuello al ver a esas mujeres de pequeña cintura con anchas caderas de las que se desprenden un par de gruesas y torneadas piernas con potentes nalgas, envueltas por un par de pequeños senos seductores adornados con una cabellera lacia, larga y negra que coquetamente acaricia la espalda. Momentos en los que a uno le gustaría detener el tiempo.

Años van y años vienen, y las mujeres guapas continúan existiendo en Culiacán. Años van y años vienen, y los narcotraficantes continúan existiendo en Culiacán. Ambos forman una simbiosis histórica, ésa que sólo el dinero y el poder pueden explicar. Una correlación casi perfecta, casi natural; leyes no escritas que todos conocen, cumplen, respetan y nadie cuestiona.

Como si la genética femenina de la capital sinaloense no fuera suficiente, el narcotráfico ha tomado a la afrodita mujer culichi como materia prima y la ha vuelto aún más atractiva. Su andar es un llamado al apareamiento y biológicamente todo en ella llama a la reproducción; además, en su obsesión por acaparar la atención, como los pavos reales, estas mujeres han elegido la ropa, las pinturas, los accesorios, los implantes y las cirugías que perfeccionen las omisiones de la naturaleza. Se han ataviado de todo aquello que haga de su porte femenino un foco de atracción. Un símbolo, más que una persona. Un símbolo de lo bello y lo deseable.

Por ósmosis, a las mujeres de los narcotraficantes se les ha denominado *buchonas*. El origen del calificativo proviene de la sierra sinaloense; del hecho de que los "sierreños" bajaban a la ciudad y se diferenciaban de los citadinos por el aspecto ranchero y por su singular cuello o *buche* hinchado, pues el consumo de agua serrana con bajos niveles de yodo producía ese mal fisiológico llamado bocio; el que inflama el cuello, que aumenta la papada, que inflama el buchí, el buche, el buchón. Después, el tiempo y los sinaloenses ligaron al buchón con el narco, pues parte de ellos bajaban a comerciar las cosechas de drogas y a gastar los dólares de su compraventa. Fue entonces cuando el término *buchón* se ligó al narco.

Los *buchones* eran rancheros. Criados y habitantes en las montañas, mantuvieron el apego territorial a sus orígenes rurales. Como un espejo sicológico de intimidad sus mujeres vestían de igual manera. Ambos usaban mezclilla con sombrero, cintos piteados, huaraches de correa y botas limpias, cuando la ocasión lo ameritaba.

Gruesas alhajas de oro que denotaban su poder adquisitivo, colgando algún dije que demostraba el orgullo identitario: su apellido, su religión o su trabajo. Con el tiempo y el ir y venir del rancho, las pautas de consumo fueron introduciendo algunas prendas traídas del extranjero, como las camisas a manga larga de seda, con diseños y colores caleidoscópicos que, montados en sus camionetas de trabajo, suponían su profesión.

Para Alberto Burgos, el estilo de vida del buchón está basado en una vida vandálica y consumista, con el machismo como motor cultural. Las diferencias culturales entre hombre y mujer están bastante marcadas, como es común en el machismo, un machismo sustentado en el aporte económico, del que provee más por complejo, tradición y costumbre, que por veneración.

La industria del narcotráfico se desarrolló en los mismos años de la globalización. La también llamada *mundialización* cambió la vida de todo el planeta. De la mano del comercio llegaron los medios masivos y el *marketing* de productos; también, entonces, los publicistas descubrieron que la mejor manera para vender un producto no es por sus cualidades físicas, sino por las emociones que engendra en el propietario y en los demás.

Con la capacidad innata que tienen las sociedades para agraviar los problemas, en lugar de resolverlos, cuando llegó el relevo generacional del narco los jóvenes retomaron el machismo, la violencia y el vandalismo de los narcos *cheros*, y fueron incorporando toda una nueva gama de gustos y valores a la narcocultura. Las camisas de cuadros se cambiaron por playeras adiamantadas, las botas por tenis, los sombreros por gorras brillosas, las cadenas de oro por rosarios, los caballos por motocicletas.

Cuando apareció esta nueva estética, distinta del resto, hubo que llamarlos de alguna manera; por tradición se les llamó *buchones*. Para la sociología, son individuos *glocales*, término cuyo significado es aquel que mezcla valores globales y locales para crearse una nueva identidad. Los buchones dejaron de ser del rancho; ahora son cosmopolitas. Y con las arcas llenas y la legitimación económica, política, cultural y social del narcotráfico en Sinaloa, la imagen del nuevo buchón se expandió notoriamente. Tanto en hombres como en mujeres.

Las buchonas lo son por ser las mujeres de los buchones. No hay más. Ellos y ellas visten primordialmente de rojo y negro con vivos brillantes en dorado y plateado; colores que sin saberlo portan para expresar su vida. Sicológicamente, el rojo indica la rebelión contra la ley, la sangre, el fuego necesario para matar, la violencia para sobrevivir y ser respetado, la conquista de territorios, la ira por los contras y las traiciones; los prepara para la acción, eleva los pulsos cardiacos, tensa los músculos y agita la respiración. Por otro lado, el negro se relaciona con el luto, el dolor, la lealtad requerida, la soledad por no confiar en nadie; distingue, engalana, señala la solemnidad que se ocupa para trabajar bajo riesgo, lo sombrío de su vida; no ofrece esperanza ni futuro. Los otros dos tonos se utilizan como decoración; representan la abundancia que existe en la narcocultura, el oro y la plata, lo vigoroso, lo deslumbrante, lo sofisticado; lo excéntrico y lo abundante del narco, lo especial, la diversión, lo atrevido, lo sensual, lo descarado que la complicidad perdona, el poder, la superioridad, el foco de atracción, el lujo, los costos, el buen nivel de vida. En cuatro colores definen su vida. Además, es común que las buchonas utilicen prendas de estampado animal, que señalan lo exótico y lo extravagante de su atuendo, patrón textil que, de acuerdo con los estándares de la moda, en exceso las hace lucir vulgares, error en el que en ocasiones caen ellas.

Si se introduce en el buscador de internet la palabra *buchona*, se obtendrá su retrato singular: zapatillas de tacón alto, pantalones ceñidos de mezclilla, grandes aretes que adornan sus orejas al mismo tiempo que su cuello —probablemente una valerina sujeta su pelo lacio y oscuro hasta la cintura que a veces tiene extensiones—, largas uñas postizas, infinidad de pulseras, sugerentes escotes y maquillaje a granel, como el de aquella canción de Napoleón. Aderezadas con brillantes y diamantes de distintos tamaños y cantidades, su estética es tan singular que Mattel fácilmente podría sacarles una Barbie, y como accesorio podrían agregar cualquier camioneta de las que las buchonas usan: Cheyenne, Lobo, Ram, Titan, Escalade, Hummer, Range Rover, Cayenne, BMW X6, Denali, entre otras.

Las buchonas tienen una filiación por marcas exclusivas como Armani Exchange, Versace, Christian Audiger, Burberry, Dolce & Gabbana, Prada, Coach, Louis Vuiton, Bebe, Cavalli, Gucci, Fendi, Ferrari, Ed Hardy, Ralph Lauren entre otras. Todas estas compañías de fama internacional no han diseñado sus prendas para los sujetos del narco, pero este submundo las ha adoptado como propias. Perfumes, gorras, carteras, cintos, pantalones, tenis, camisas y camisetas son ofertadas en boutiques de Culiacán, algunas especializadas en vestimenta narcocultural.

El financiamiento de estas prendas no es un problema. ¿Qué son para el narcotráfico unos cuantos miles de pesos, si cada kilo de coca les arroja una utilidad de aproximadamente 300 000 pesos? No todas las buchonas son amantes de algún narcotraficante, pero sin duda se benefician de alguno de ellos; sea pareja, familiar o un amigo. Culiacán es un lugar distinto del resto del país por la ostentación que se mira en sus calles y que hacen sus habitantes. En México son pocas las ciudades que concentran tan alta actividad productiva capaz de generar una cúpula de nuevos adinerados entre sus habitantes. Siendo la capital sinaloense una ciudad clave del circuito mundial del narcotráfico, son varios los individuos que constantemente son beneficiados por esta red internacional de negocios. Como una gran parte de ellos entra para contrarrestar la exclusión social y económica en que han vivido, cuando generan ganancias están ansiosos por mostrar sus recursos costeando a granel sus placeres, entre ellos las mujeres. Cumplen ambos sexos sus sueños egocéntricos y narcisistas.

A las buchonas no solamente las seduce el dinero; les gusta el paquete completo: riqueza, poder, drogas, camionetas, impunidad, distinción y más. Para ser buchona se requieren ciertas habilidades y cualidades. Todas ellas se identifican por su estética, que refleja una identidad que declara: yo soy de éstas y no de aquéllas, yo vivo la vida recia, sé lo que es el peligro y ando con la gente que lo vive, lo genera y lo mantiene; una vida buchona, abusada, entre rifles, motos, autos y narcos, sierras y ciudades, ranchos y antros, en "asfalto o en la polvareda; por ello tengo una vida llena de riesgos y placeres, no la misma de siempre; que recuerdan ese corrido que atemoriza porque se espeta como una justificación inobjetable: billetes de sobra porque he decidido mi vida arriesgar". "La verdad es que cuando entras en este ambiente al principio te da miedo, pero después los buenos tratos, los lujos, las amistades, que la gente te respete y más cosas te encanta este ambiente…"

Son mujeres que están al pie del cañón acompañando a los narcotraficantes en la camioneta o al filo de la cama de una habitación. Besan, aman, gastan utilidades, limpian la crueldad con su presencia y sus caricias, purifican el ambiente, dan hijos herederos, hacen al narcotráfico más atractivo, no sólo por el dinero y el poder sino por ellas. Se han acostumbrado a los lujos, a los detalles costosos, a la figura del buchón y a su hedor de sangre oculto bajo algún perfume de colección. "¡Ser buchona es a toda madre! O sea, claro, ¡para ser buchona no simplemente es necesario ser una puta de primera con los narcos! Simplemente te vives la vida bien *nice*, que te guste andar de *party* con los narcos. Pero, okey, si tú quieres meterte con uno, ¡claro, eso ya es tu decisión!"

Ellas no tienen que traficar, ellas tienen que besar. Ellas no tienen que matar, ellas tienen que fornicar. Ellas no se ensucian las manos, se ensucian las piernas. Sin embargo, poseen un asiento especial en la película interactiva de la narcocultura; no las detienen, no acostumbran ser el primer objetivo en los atentados, pero conocen las relaciones de sus buchones, con quiénes trabajan, para quiénes trabajan, saben de las traiciones y de las alianzas, escuchan las historias con los jugosos detalles omitidos por la prensa, disfrutan las ganancias tan rentables y que al igual que sus parejas preponderan lo que ese dinero obtiene que lo que elimina.

Algunas buchonas nacieron en la cuna del narco, otras se casaron y después el marido le entró al negocio, y otras sólo por deslumbradas e interesadas se involucraron con un buchón. Son buchonas muy distintas entre sí. No se necesita ser *narca* para ser buchona, ni ser buchona para ser *narca*; ni ser puta para ser buchona, ni buchona para ser puta. Dependiendo del tipo de buchona son las habilidades requeridas y la psiquis que poseen.

LAS INTERESADAS: LAS *CHUKIS NICE*

La mayoría de las *chukis nice* —mujeres de bajo nivel económico vestidas con prendas caras— son cortejadas por su cuerpo plantoso y provienen de familias humildes. Insertas en un contexto socioeconómico adverso, han conocido las carencias o las limitaciones desde niñas. No es posible asegurar que con una mejor oferta de empleo dejarían de existir las buchonas, sin embargo se debe considerar que habitan en el mismo entorno que empuja a los llamados sicarios desechables.

Para ambos jóvenes —sicarios y buchonas—, el hedonismo en todas las dimensiones es la primicia: lo material, lo sexual, la diversión de las drogas sobre la salud, la velocidad sobre la paciencia, tener amistades cercanas al éxito para alcanzarlo también. Estos deseos no son muy distintos al paradigma cultural que existe en la mayor parte del mundo; sin embargo, en Culiacán las cosas son distintas que en el resto del país. Aunque la ausencia de oportunidades de trabajo para costear una vida cosmopolita es constante en todo México, en Sinaloa el narcotráfico y los narcotraficantes son capaces de satisfacerlos. Aquí el tráfico de drogas ha existido por más tiempo, las redes sociales en las que se encuentran imbricados los narcos son sumamente fuertes, y así como los conoces así es posible que te inviten al "trabajo fácil". Eso motivó a unos grafiteros a escribir en una barda aquello de "mejor morir joven y rico, que viejo y jodido como mi papá", y el dicho popular de que "más vale un año de vacas gordas que cien de flacas" se va legitimando día a día. Los jóvenes en Sinaloa forman un sembradío de sicarios, de ese ejército mal entrenado que para 2012, en el conjunto del país, alcanzará la cifra de 50 000 muertos. Excluidos por falta de empleo, estudios, clase social y recursos… ¿qué diferencia existe entre las motivaciones de un joven sicario y las de las *chukis nice*? Que ellos aprovechan su rabia y ellas su cuerpo para arrebatarle a la vida lo que les ha negado: el dinero.

Para ellas, la mayoría de las veces el acervo intelectual queda relegado y lo que quieren es vivir el momento, "tener una vida" —entendida como la acción de desempeñar distintas actividades en el día y fomentar las relaciones sociales—. Narcisistas por excelencia, prefieren los espejos a los libros y evitan las discusiones que implican el raciocinio y la actividad cerebral. El contenido de palabras que utilizan en su lenguaje no es muy elevado y tienden a deformar la escritura a través de los medios electrónicos. Los problemas sociales no les interesan; tachan de revoltosos y piojosos a aquellos que protestan por las causas comunitarias. En realidad, de acuerdo con la neuroplastia,[1] su cerebro no está adaptado para aprender, sino acondicionado para buscar estímulos positivos hacia su persona que obtienen a través de piropos y regalos, de distinciones por la vida ocupada que poseen al realizar diversas actividades con sus amigas o con el buchón. El asunto, más que acusarlas, sería cuestionar qué tan distintas son las *chukis nice* de los jóvenes en general.

He visto, convivido y tratado a esta clase de chicas y me doy cuenta de que están huecas de la cabeza, y que en realidad es un trauma tremendo que tienen de inferioridad; las pobres se sienten tan menos, se sienten tan basura e inútiles, que lo único que hacen es llamar la atención con su ropita de brillos (que se me hace tan naca). Su cuerpo más artificial que la leche en polvo. Detrás de ellas, lógico, existe su gran pobreza, de sus papás, y el trauma de que nunca les compraron

[1] La neuroplasticidad es la capacidad que tiene el cerebro humano para aumentar o disminuir la cantidad de células cerebrales dedicadas a una actividad. Mientras más tiempo se dedique a una actividad determinada, mayor es la región que el cerebro destina para realizarla, y viceversa, mientras menos tiempo se destine a dicha actividad, menor es el número de neuronas dedicadas a llevarla a cabo.

nada de niñas. Y ahora, ¡ufffff!, se creen la última cocacola del desierto y hasta se les olvida que alguna vez fueron tacuachas. ¡Por favor!, a quién quieren engañar… son grandes y fanfarronean sólo por el buchón que cargan. Sin él no son nada, mis niñas.

El contexto en el que se han desarrollado también ha generado que las *chukis nice* se comporten constantemente a la ofensiva. En el año 2000, Ronald Inglehart y Wayne Baker publicaron un estudio sobre la estructura de los sentimientos que poseían los individuos en diferentes sociedades con distintos niveles de ingresos per cápita. Los resultados mostraron que cuando el entorno socioeconómico posee condiciones de ingresos bajos y no garantiza seguridad laboral a largo plazo, las personas presentan una tendencia a carecer de bienestar subjetivo, padecen pobreza de salud, bajos niveles de confianza interpersonal, enfatizan los valores machistas y materialistas, tienen poca fe en la ciencia y la tecnología, no cuidan el medio ambiente y aceptan las figuras de autoridad; también tienden a enfatizar los roles de género y las normas sexuales, y resaltan las reglas y las normas familiares en un intento por maximizar la predicción de un mundo incierto. En general, los individuos que viven en estos contextos presentan actitudes egoístas —incluso agresivas— y evitan la cooperación; estos comportamientos corresponden a una necesidad de adaptación ante la escasez económica, para asegurar la subsistencia; todo con el objetivo de defender su subsistencia. Las *chukis nice* son airadas, no con aquella acepción popular de aire en el pecho que denota prepotencia, más bien porque contienen ira en su individualidad, en su temperamento, en su personalidad y en sus emociones; tres niveles de la mente que ocasionan que su imagen inspire esa mezcla híbrida que en Sinaloa sabe a miedo y a respeto. Mirada que reta, que ofende, que humilla e intimida; que se respalda, como la de todos los prepotentes, en un poder abusivo, que abofetea al desposeído.

Ante estas carencias y actitudes, los deseos económicos de las *chukis nice* han hecho que los narcotraficantes, galantes y deseosos

109

de espetarle a la vida que son unos chingones, utilicen los regalos como estrategia seductora. La extravagancia forma parte del cortejo para convertirlas en sus amantes. ¿Para qué perder el tiempo bajando el cielo, la luna y las estrellas, teniendo a la mano bolsos Channel, relojes Cartier o una X6?, que Neruda y Sabines se lo queden las románticas. Además, en estos tiempos, ¿quién quiere el cielo, la luna y las estrellas? Ellos, la mayoría, utilizan el dinero y el poder como principal recurso; la seducción es como escalar una cúspide, y el dinero empleado eficazmente consigue avanzar un gran tramo con rapidez. Una analogía con la estrategia de seducción de los millonarios legales se antoja perversa, ¿o no impresionan éstos de similar manera a sus conquistas? La diferencia es la legalidad de la sangre en los fajos de billetes.

Cualquier artículo buchón y original posee un precio lo suficientemente elevado para que el vulgo no pueda costearlo. Esta aparente diferenciación de clases a través del atuendo produce cierto placer en estas buchonas; alguna sustancia debe generarse en su cerebro al saber que su atuendo de pies a cabeza fácilmente alcanza los 1 200 dólares y en ocasiones supera los 3 000 billetes verdes. ¿Lo mejor del mundo te separa de lo peor del mundo o no? Para las buchonas esta diferenciación significa algo más que simples prendas de calidad; significa que son o están cerca de ser exitosas. Considerando una representación del éxito en relación con el poder adquisitivo. El físico refleja lo que sienten por dentro.

Al respecto, el sociólogo Scott Lash menciona que las mercancías en el posmodernismo funcionan esencialmente como símbolos y los individuos las usan para establecer distinciones de envidia. En parte esto es lo que Fred Hirsch quería decir cuando habló de consumo posicional. Ése que te hace ser por lo que consumes. El posmodernismo hizo que las prendas fueran consumidas por su significado más que por su utilidad; la diferencia entre dos prendas no es su calidad, sino su logotipo. Lo peor que le puede pasar a una buchona es carecer de prendas finas. Mientras mejores logos usen, son más *nice*, y mientras peores prendas, son más "tacuachas", *nacas*, piojosas, muertas de hambre, etc. Hay que mostrar las credenciales, los logos, las marcas.

Entre más pesado el buchón más regalos; entre más tacuache el buchón menos regalos. Es común que los narcotraficantes les obsequien a las buchonas autos, camionetas, dinero en efectivo, relojes, collares, casas, viajes, serenatas al son de una banda, fiestas de cumpleaños; que paguen el consumo de ellas, las amigas, los amigos, la familia, etcétera, que costeen operaciones estéticas, guardarropas, que les den la oportunidad de comprar prendas por catálogo en las principales metrópolis de la moda, que las lleven a los ranchos, que las dejen disparar armas, que se paseen en cuatrimotos, en caballos, en avionetas; que les cumplan caprichos, que amedrenten a quienes ellas pidan, que les den una mensualidad, una quincena o dinero cuando lo necesiten, que las cuiden. Las buchonas son las receptoras de los esfuerzos laborales que desempeñan arduamente los narcotraficantes. Se dejan consentir, haciéndoles sentir a ellos que su falo de ego es más grande de lo que realmente es. Al ser mujeres de un hombre por vez —tener otro es faltarles al respeto y eso es una grave ofensa— van coleccionado regalos de uno y después de otro hasta acumular un pequeño botín de guerra; la recompensa por aguantar las batallas buenas, malas y peores.

José Manuel Valenzuela, investigador del Colegio de la Frontera Norte, considera que las sociedades contemporáneas realizan una ostentación delirante del consumo como parámetro de realización y éxito en la vida. Afirma que en una sociedad que presenta discursos cruzados sobre la forma de triunfar, poco importa la forma o los recursos mediante los cuales se obtienen esos bienes. En este escenario, los narcotraficantes constituyen uno de los ejemplos límite por su amplia capacidad de consumo, que se combina con la necesidad de presumirlo. No basta poseer los recursos, es importante hacerlos visibles, conspicuos, pues ése es el camino que redime y justifica los riesgos.

¿De qué sirve la moral en una ciudad en la que sólo estorba? Son como una secuencia mecanizada, memorizada, grabada en la mente

111

y los músculos para que no se olvide. Obtener y mostrar a cualquier costo. Como el *jab* seguido de un *recto*, ese "uno y dos" que sale por instinto frente al rival. Como la analogía del árbol que cae y nadie lo escucha; si se ha obtenido dinero, ¿cómo se demuestra? En Sinaloa las buchonas son tangibles, se puede ser testigo de que ese consumismo y éxito es posible y alcanzable cuando miras una camioneta de las mencionadas en los narcocorridos, manejada por una *barbie*, o cuando en una discoteca ves a las famosas *plebitas* tomando whisky Buchanan's en una mesa VIP. El hedonismo material se materializa y esas "Very Important People" lo alcanzaron beneficiándose del narcotráfico, el éxito se cristaliza en esas figuras aparentemente por encima de la pirámide social y económica, afuera y arriba; no pertenecen a la base social, y eso debido a su éxito económico; son admiradas, respetadas, envidiadas por un gran número de jóvenes que ven en el éxito material el principal logro de la vida en una ciudad que se lo niega a la mayoría.

Esperaba en una boutique para entrar al vestidor, y en la sala de espera estaba un hombre feo y gordo, con tres celulares, vestido de aspecto buchón, y se veía que toda su ropa era cara. En eso, del vestidor salió una muchacha muy guapa de unos 18 años, muy bonita y de buen cuerpo, y le preguntó al tipo: "¿Cómo se me ve, papi?" Por un momento ingenuamente pensé que era su hija, pero cuando vi que casi le hace un *striptease* modelándole el vestido, me sentí tonta. Mientras esperaban a que les empaquetaran sus compras —dos bolsas llenas—, la buchona se le sentó en las piernas y él le decía que con él tendría todo, siempre y cuando ella se portara bien, que ella merecía eso y más. No hace falta decir que el tipo fue el que pagó, y al salir, subieron a una camioneta de las que traen los narcos y detrás de ellos otra camioneta de escolta.

En Culiacán no eres nadie sin dinero, al menos para ellas. Este intercambio de placer por dinero les ha generado un sinfín de críticas. Con una voz poco refinada, que delata su acervo cultural, contestan el llamado de sus amantes; tal vez ellos les tengan algún cariño.

Las buchonas interesadas son el principal blanco de la prensa verde; ésa que sólo es posible al mezclar las redes sociales virtuales con los personajes del narco y sus mujeres. Aunque no dejan de ser chismes, es posible trazar un historial de las relaciones entabladas cada vez que comentan bajo anonimato la foto de la buchona en turno. Puta, zorra, interesada; se metió con éste, con el otro; drogadicta, aguada, operada; eres una naca, una tacuacha y más. Comentarios hirientes sobre las *socialités* del narcotráfico. "Las buchoncitas son puras pinches indias, corrientes, gatas, muertas de hambre ja, ja, ja; como no son aceptadas en los círculos sociales de los verdaderos ricos y de familias de abolengo tienen que andar de putitas con los burreros o de *mulas* de algún narco ja, ja, ja, ches sirvientillas vulgares."

También son juzgadas como vulgares por sus atuendos: "¿En verdad creen que se ven bien? Lean (si es que saben) *Vogue, Allure* o *InStyle* (pero las versiones de UK) para que vean que la manera en la que ustedes se visten es de lo más corriente y ridículo. A menos que su *fashion icon* sea Snooki de Jersey Shore".

Una crítica desde la perspectiva de la pérdida de la moral y los valores:

Han perdido los valores según por la "gran vida que se dan", que las mujeres de los narcos tienen la autoestima tan baja para soportar que, por el dinero, se roban a cuanta vieja sin escrúpulos como ustedes comprenderán se les para enfrente, que no es tan fácil aguantar a un estúpido vicioso, ondeado, que habla puras incoherencias y que no puede ni eyacular porque anda bien arriba; hasta les andan poniendo la pistola en la cabeza. Qué gran vida, las felicito. ¿Cuántas terminan adictas, de hombre en hombre, porque no saben hacer nada ni están dispuestas a trabajar y a ganarse las cosas por sí mismas, con hijos de uno o de otro, o viudas o presas.

Pero ellas, deseosas de atención, disfrutan ser el objetivo de estos ataques anónimos. También mueren por el despilfarro, por andar a la moda; huyen de los tacuaches. Consideran que hay que sacar provecho de la belleza y que son unas chingonas por eso, que las que no lo hacen son unas pendejas y por eso las tratan como se les antoja a los hombres. Y ante las críticas responden:

Pinchi gente asustada, aburrida, la que está en contra de nosotras, no tienen vida social. Antes de criticarnos mínimo intenten superarnos; ya me imagino a las viejas envidiosas ja, ja, ja, de esas cuatro ojos que ladra un perro y ya están llorando... ¡Pof! Pobre gente, cómprense una vida o consíganse a un narco que se las compre para que nos dejen en paz a las buchonas. Si vendemos o no el culo es nuestro pex, mientras no le lleguen al precio mejor no opinen.

Las *chukis nice* presentan rasgos del carácter audaz; son conversadoras, confiadas, intrépidas, sociables, les gusta experimentar nuevas experiencias, ruidosas, extrovertidas; están alejadas de la introversión y de los miedos del tímido, de la vida rosa y tolerante de las optimistas, de la bohemia y de las tristezas de las melancólicas.

Las *chukis nice* necesitan ser alegres, expresivas, fiesteras; toman alcohol, pueden usar drogas y ser promiscuas, pues el sexo es uno de sus principales atractivos y cuando son mujeres de un buchón, lo preferible es no dañar el espíritu de semental de éste. El tinte dominante del machismo en ocasiones relega a la mujer a la calidad de un receptáculo sexual pues ante la negativa de ellas o el abuso de ellos, los golpes, las amenazas y las violaciones son ofensas hacia las *chukis nice* que parecen no generar temor de represalias en quienes las inflingen; respaldados por una serie de poderes de todas las dimensiones, las demandas por este tipo de abusos rara vez suceden.

Otra respuesta recurrente a las críticas es la justificación del contexto económico. Cada cual lidia con la pobreza de distintas maneras; algunos la soportan, otros la disfrutan, otros la llevan con ira, se suicidan, y otros más hacen lo posible por salir de ella.

Y si eres buchona, neta que es por superarse, trabajando legalmente no se obtiene nada; en México vivimos bien miserables. Tienes que ser súper inteligente si no, te carga. A mí me gusta esta vida, es a toda madre; claro, siempre y cuando realices acciones pensando en las consecuencias.

No es muy difícil darse cuenta de que mientras las buchonas tengan una idea del éxito con base en la acumulación de la riqueza y el poder, ellas estarán ahí. Tampoco es que estos valores consumistas sean de su exclusividad; la juventud en general cuenta con ellos. La industrialización propició que los padres de familia estuvieran cada vez menos en casa, que la publicidad entrara por los poros, que la ansiedad y la depresión aumentara en la juventud a causa de no cumplir con los estándares de éxito que marcan las pautas mediáticas; pero ellas se atrevieron a dar ese paso que las ha hecho el objetivo de infinidad de críticas hasta el grado de que la gente llegó a denominarlas *narcoputas*.

A falta de un paradigma económico y sociocultural que les cambie la representación del éxito que poseen, ellas seguirán ahí, junto a los narcos, o sobre ellos, siendo felices con sus marcas y su ambiente, en ocasiones acercándose tanto que terminarán inmiscuidas laboralmente en el narcotráfico.

Con tal de evitar perder ese estilo de vida, o la vida misma, a veces fingen, exageran u ocultan sus verdaderos sentimientos; la muerte de una *chuki nice* moralmente no supone una ofensa; la *doxa* popular indica que si mueren es porque ellas se lo buscaron, pues se les tilda de vacías e interesadas, sin importar que en ocasiones sus sentimientos de amor sean verdaderos. Sin embargo, para la sociedad no vale nada su vida; su vida no vale nada.

BUCHONAS NICE: LAS DE ABOLENGO

Nacidas en el seno de una familia narcotraficante, la buchonada se les pegó más por tradición que por elección. Con parientes narcotraficantes, difícilmente pueden entablar una relación con un hombre fuera del negocio; no sería natural: uno no comprende al otro, y viceversa:

> Es difícil que te salgas de esto cuando toda tu familia está adentro. Tenemos que andar con alguien de nuestro mismo rollo; no por el dinero, sino porque son los únicos que entienden cómo están las movidas en cada familia. Traficamos la droga mas no nos drogamos; nos gusta la cerveza pero si de vino se trata, tiene que ser el más fino.

Por familia u oficio, el dinero no es algo que busquen desesperadamente en un buchón, y eso las separa de las *chukis nice*. Además, las marcas, más que presunción, se vuelven algo cotidiano e identitario en sus vidas; crecieron vistiéndolas. No conocen esas ganas desgarradoras de tener, porque nacieron teniendo todo.

Como el dinero no es un obstáculo y su identidad no es reconocida, acostumbran vacacionar en otros países e incluso estudiar en el extranjero. Son hermosas, bellas, imponentes; se les ha nombrado *buchonas nice* por pertenecer a la clase alta económicamente hablando; el gusto que poseen por las ropas caras y la aparente ausencia de promiscuidad sexual y abuso de drogas hace que las etiqueten como niñas bien; además, sus arcas les han permitido estudiar en planteles educativos privados, dándoles una personalidad más relajada, aunque ésta no es una regla pues podría ser que la socialización con sus familias peculiares muestre que la única diferencia que tienen con respecto a las *chukis nice* sea haber nacido en estratos económicos distintos.

En el mundo del narcotráfico, los valores machistas perduran y las buchonas tienen que cuidar su reputación para no manchar el apellido de la familia. En el ambiente ellas son respetadas y eso da pie a que sean tratadas de distinto modo las amantes. Suelen ser tomadas en cuenta para relaciones de noviazgo por los narcotraficantes y al identificar sus vivencias —vida y familia buchona— tienden a entablar una relación que permita aflorar sentimientos mutuos. No

116

son santas ni inmaculadas, pero en su tónica moral, si resultan embarazadas, es mejor casarse para no manchar el apellido. Relacionarse sentimentalmente con una buchona genera conexiones y auspicio laboral. Constantemente entre las familias del narcotráfico se realizan enlaces de este tipo, parecidos a los que se hacían entre dos reinos, esperando ampliar y reforzar las relaciones para ambos bandos.

Sus gustos culturales por lo general se mantienen en la narcocultura. Por crecer en una familia del narco se les ha formado una identidad acorde y el gusto por el ambiente exótico del narcotráfico aún persiste; sin embargo, el hecho de haber crecido con dinero —y sin la necesidad de éste— provoca que existan grandes diferencias:

> Una buchona no es la que no se le sale la verga de la boca, son educadas y de buena familia; no tiene que prostituirse con ningún buchón, no necesita vivir del dinero del novio; le gustan los corridos, la banda, lo norteño, los ranchos, las motos, las armas, y no necesita presumir ni andarse tomando miles de fotos con cuernos o en camionetas para quedar bien. No necesariamente tienen que ser millonarias pero sí de nivel medio alto o alto. Ésa es la gran diferencia con las pseudobuchonas *wannabe*; además, saber de marcas que no sean nada más Ed Hardy y Coach, o sea, marcas más exclusivas y, obvio, originales; no de tianguis. Las uñas de las mejores, extravagantes, pero sin ser vulgares, además que calladitas se ven más bonitas, no suelen andar gritando a los cuatro vientos que son amigas, hijas, sobrinas de... Así como las pseudobuchonas *wannabe* que por lo general son drogadictas, alcohólicas, pirujas y corrientes.

Las buchonas de abolengo se diferencian por la clase que ostentan. Es frase común entre ellas decir que "hasta en los perros hay razas", alejándose así de cualquier tacuacha que ostente el calificativo de buchona.

> Las buchonas no necesariamente tienen que ser putas; al contrario, yo conozco buchonas que son hijas de narcos, y la verdad que se visten

súper bien y que son *nice*, con educación y estudian. No andan con sus piedras ni sus extensiones; al contrario, son serias e inteligentes, no andan teniéndose que meter con viejos para tener dinero.

Acostumbradas a los ires y venires emocionales de los narcotraficantes, y respaldadas por una familia en el negocio, estas buchonas son las que menos sufren la violencia por parte de los buchones.

Ellas tienen influencias, gastan dinero, y la verdad son suertudas porque no a cualquiera le toca esa suerte. Unas sólo se quedan con las ganas, y a como sea que se ganen el dinero y el dinero es lo más bonito porque si no lo tienes no eres nadie... Y ustedes, bola de arpías, a trabajar, para que puedan darse sus lujitos y no sigan de envidiosas.

LAS ESPOSAS BUCHONAS

¿De qué sirve la moral en un submundo donde poco se valora? A los narcotraficantes les funciona para elegir a sus parejas formales. La decencia en las mujeres es apreciada en el ambiente narco; es como una piedra rara, como las míticas aves que cruzan el pantano y no se manchan.

Otra clase de buchona es la que por unión sentimental con un narcotraficante, como novia o esposa, accede a los beneficios y riesgos del oficio; aquellas que se enamoran sabiendo o desconociendo el oficio de su pareja. Las atenciones y los detalles se vuelven constantes y piezas claves en el cortejo.

Y muchas veces sí llegas a quererlos, te lo digo por experiencia, que a mí me enamoró uno; al principio venía a verme siempre, se veía muy sencillo y a mí me interesó; era muy lindo. Un día me dijo que me fuera a vivir con él y yo pues me emocioné y le dije que sí, porque cuando él y yo éramos novios creí que tenía una vidriería y que ahí trabajaba. Tonta de mí; ya cuando me fui con él descubrí qué era él, y antes me habían dicho que según eso él era narco, pero yo no hacía caso, pues siempre lo veía bien sencillo. Al llegar a su casa no lo creía; era una casa gigante, me daba muchísimo dinero al día para que me viera bonita, íbamos a los mejores lugares, viajamos mucho, me operé. Lo que le gustaba a él era que yo lo quería por quién era y no por su dinero, como muchas. Me dijo un día: "No serás la más bonita del mundo pero eres lo mejor para mí porque al yo mentirte que tenía lana y tú demostrarme que no te importaba más que estar conmigo, por eso te elegí". Siempre fue de lo mejor, tenía la ropa que quería, todos mis caprichos me los cumplía, y si algún bato me echaba el can le daban bajón. En las fiestas me la pasaba de lo mejor; siempre había buen vino, regalaban dinero, la comida, la música y todo lo demás; llevaban a viejas para que les alegraran el momento, pero a las mujeres bien nos tenían aparte; el chiste era socializar con los capos, hablarles de nuestros maridos y empezar pequeños negocios. Bueno, era de lo mejor; lo bueno es que nunca me casé con él.

Las historias más crudas son las que viven estas buchonas. Muchas veces las explicaciones sobre las transformaciones que ocurren en la transición de civil a narcotraficante no son suficientes para responder a una pregunta que no busca respuesta, sino lamento: ¿cómo es que alguien se vuelve tan malo? Con la neuroplasticidad que ofrece el cerebro humano, los nuevos narcos adaptan su vida a la violencia y la traen a casa. El uso de drogas, armas, grandes cantidades de dinero, símbolos de poder (grandes camionetas, radios, atropellos viales, etc.), propician que el hombre del que se enamoraron sea muy distinto al actual.

La confianza que otorga el matrimonio o el amasiato, concede hijos, golpizas, machismo, paranoias celópatas, infidelidades del hombre, regalos, vacaciones, navidades excéntricas, patadas, besos, armas, joyas. Dicha y desgracia. Placer y sufrimiento.

Yo estoy casada con un sicario, y créanme, lo amo muchísimo. A pesar de ser casada sigo estudiando, pues quiero independizarme. Es muy bonito que te dé todo y no te falte nada materialmente, pero la verdad es una vida muy triste porque el dinero no lo es todo en la vida; la mayoría del tiempo estás sola y te entra la depresión, y por más lujos que tengas o andes al cien, como dicen muchas, sinceramente es una vida triste.

En muchas ocasiones ni la familia ni la policía pueden intervenir para proteger a la mujer. ¿Quién se atreve a retar a un narcotraficante? La fidelidad no es cuestión de separación; la catedral y las capillas son un mutuo acuerdo. Además, bajo el tierno yugo social, el dedo acusador las estigmatiza.

La pequeña paradoja del narcoesposo es que así como es de galantes, también es bestial. Con los deseos materializados de ser alguien a través del poder político, bélico y monetario, es común que las celen, que se vuelvan propiedad privada, que las amenacen de muerte, que las alejen de amigos, compañeros y familia, que las maltraten física y sicológicamente; que su moral se desgarre, que prueben drogas, que se vuelvan violentas, que polaricen la vida entre chingones y tacuaches, que tengan que soportar amantes o novios adictos, tener que escuchar hazañas sanguinarias y lidiar con seres carentes de filtros emocionales, saber que por cualquier traición viene una reacción; que muy probablemente no habrá un final feliz, que es posible que vivan esa experiencia hasta que la muerte los separe o, como en la historia de Romeo y Julieta, muriendo juntos en mano de los adversarios.

Los narcotraficantes son lo mejor y lo peor del macho mexicano. Las buchonas viven constantemente sobre la delgada línea de la paranoia existente en la vida buchona entre la lealtad y la traición. Los placeres son muchos pero también los riesgos; ser las mujeres del mejor y el peor caballero que puede existir en una sola persona hace la alcoba para ser tratadas como reinas y como putas a la vez.

Las historias de vida sobre estas mujeres siempre reflejan esta polaridad. Por un lado, una vida llena de lujos que se ofusca con la aparición del machín que labora fuera de casa. Por el otro, golpes, maltratos, humillaciones, violaciones, amenazas de muerte. Amor y odio en una misma relación tormentosa que, al salir de ella, se platica como algo distante, lejana, ausente. Y sin embargo aún persiste y ronda en los recuerdos.

Conclusión

Sinaloa es un lugar único. Con los años el narcotráfico se ha vuelto ubicuo, inserto en una urdimbre no siempre visible. Pero ahí está, todos saben de su presencia, y cuando se vuelve tangible nadie se asombra de su existencia, sino de ser testigos. También genera todo un rango de emociones en los sinaloenses, pues a veces causa impotencia; en otras, orgullo regional, miedo o una cierta melancolía bufona: carcajadas entrelazadas con una tristeza reflexiva.

Sería injusto para las sinaloenses decir que todas presentan los mismos comportamientos e ideologías que las buchonas; de hecho, estas últimas son minoría, y a pesar de las críticas y los riesgos están ahí. Y ya sea por la plata, por la emoción, por el amor o la tradición se desenvuelven en el ambiente del narcotráfico, ¿Cómo podrían escapar a ese fenómeno que impacta las demás esferas de Sinaloa, de todo México y de gran parte del mundo?

Las *chukis nice* no han crecido en algún campo de concentración de los narcotraficantes para enseñarles su *modus vivendi*. Ellas nacieron y fueron criadas en la sociedad sinaloense, que al igual que gran parte del mundo antepone los valores materialistas al bienestar subjetivo de los individuos, ése en el que el intelecto y las relaciones afectivas están sobre las mercancías. Las *chukis nice* —como ellas lo dicen— se atrevieron a dar ese paso para no dejar que la vida las siguiera jodiendo, y aquellas carencias que el futuro les tenía preparadas decidieron cambiarlas por una abundancia que tiene su origen en un negocio ilegal y dañino para la salud. Tal vez la única diferencia entre las *chukis nice* y el resto de las jóvenes sinaloenses es que las primeras han hecho suya la capacidad de obviar lo obvio: que los billetes que pagan las prendas que les producen placer al poseerlas, provienen de billetes que son generados con base en familias disfuncionales por la adicción de alguno de sus miembros, de miles de muertos, de una sociedad maniatada que sólo observa el lento derrumbe de todo tipo de estructuras, de personas desaparecidas y de la impunidad de la que gozan los sujetos dedicados al negocio y sus allegados.

Por otro lado, las *buchonas nice*, aun con su vida cosmopolita —viajes, ropa fina, restaurantes caros, educación en escuelas costosas, vehículos lujosos, etc.—, también poseen esa cualidad de obviar lo obvio, pero a diferencia de las *chukis nice* ellas nacieron con este estilo de vida y sus valores desde pequeñas fueron siendo moldeados para aceptar el origen de la riqueza y disfrutar de ella. Desde la perspectiva sociológica, la familia juega un papel importante en la socialización primaria, ésa que inculca los valores y los comportamientos, y tratándose de una familia de narcotraficantes, ¿cómo se le podría enseñar a sus integrantes a estar en contra de sus métodos de sobrevivencia?

Por último, si las dos buchonas anteriores son las que más disfrutan, la esposa o la novia buchona también lo hace; sin embargo, su posición es más inestable. A diferencia de la *chukis nice*, ellas tienen un compromiso real y a largo plazo, en el que cualquier traición o desplante de su parte se podría generar reacciones adversas en un individuo que constantemente clasifica las acciones en signos de respeto o insolencia; por lo tanto, se podría generar una relación caótica y de maltrato en su vida marital. Como machistas, seleccionan a la mujer inmaculada como esposa, tal vez por su comportamiento abnegado y porque ésta, al no estar en igualdad monetaria, reclama lo menos posible. Aunque las esposas buchonas son tratadas con más respeto, no siempre poseen una familia que respalde el abuso o el maltrato sobre su persona, como las *buchonas nice*. Lo anterior no quiere decir que siempre estén expuestas a una vida violenta; podría ser que sean tratadas de manera exquisita por sus esposos narcotraficantes. Todo es posible.

Aun con diferencias entre ellas, nada es determinante, ni pro-babilístico; más bien la vida de las buchonas es como un Lego: representan infinidad de características que en cada buchona inte-gran una nueva figura muy parecida y distinta a todas. Una *chukis nice* puede tener estudios universitarios y aun así ser la amante de un narcotraficante, o las *buchonas nice* no siempre poseen la clase y trato nice, y se asemejan más bien a una *chuki*. Una amante podría convertirse en una esposa o una esposa dejaría de ser la inmaculada para formar parte del narcotráfico. De aquí se desprende otro pro-blema social, que al narcotráfico se entra por la afinidad de relacio-nes, por las amistades, por las que ellas tienen y que ya han hecho que sean muchas las hermosas damas que terminan muertas por ser trabajadoras y no solo amantes.

Sin acusarlas, sólo entendiéndolas, todas ellas disfrutan del dinero del narco: las *chukis nice* por las ganas de tener y no poder conseguir lo que quieren de otra manera; las *nice* por tradición, y las esposas buchonas por amor. ¿Cuándo fue que Sinaloa se convirtió en una *Sinaloa buchona*? ¿En qué momento fue que estas *raras avis* en pe-ligro de expansión aprendieron la capacidad de obviar lo obvio?

FUENTES

http://www.metroflog.com/prostisputascln
http://www.metroflog.com/putasbonitas_cln
http://www.metroflog.com/GoSSipmx
http://benditomanicomio.wordpress.com/2009/06/23/las-novias-del-narco-buchonas/
http://www.metroflog.com/guapas_clnsin
http://www.metroflog.com/_lafarandula_
http://www.metroflog.com/culerosYculerascLn2011
http://www.metroflog.com/farandula_buchona
http://www.metroflog.com/teresa_sinaloense/

5

Las tres jefas

José Carlos Cisneros Guzmán

Después de entrevistar a las mujeres que se encontraban presas por traficar droga, me preguntaba cómo sería la experiencia de platicar con aquellas que permanecían libres. Buscarlas implicaba muchos riesgos. Dentro de la cárcel, unas presas me recomendaron que si tenía pensado realizar entrevistas fuera de allí, tuviera mucho cuidado con lo que preguntaba y decía de esos encuentros. Ellas —las presas— eran reservadas cuando estaban afuera.

Así que llegué a pensar que no lograría una entrevista con ninguna mujer de Sinaloa que tuviera una posición importante en el narcotráfico. Quizá podría conseguir entrevistas con otras vendedoras de droga o con aquellas que habían sido "esposas" de algún narco. Pero el problema al que me enfrenté es que sería demasiado riesgoso llegar y plantear una entrevista sobre una actividad que, algunas veces, es un simple "rumor". A pesar de eso, logré tres entrevistas con mujeres que son *jefas*; sus casos ayudarán a comprender la forma en que se han venido empoderando y a entender su historia dentro del narcotráfico.

Algunas veces las mujeres que se relacionan con narcotraficantes no llegan a establecer vínculos matrimoniales con ellos o sólo suelen ser aquellas con las que los capos mantienen una relación extramarital.

En Sinaloa "andar mal" es una expresión utilizada por las mismas mujeres del narcotráfico y comúnmente es empleada para referirse a aquella persona que está metida en negocios poco claros, que van desde ser cuidador de casas de seguridad, prestanombres, sicario hasta narcotraficante.

Así fue como conocí a Gloria Benítez, una mujer que vive en una localidad cercana a Culiacán. Madre de cinco hijos, dos mujeres y tres hombres. Sus hijas —dice— son buenas estudiantes y muchachas muy discretas.

Cuando me trasladaron al lugar del encuentro me pidieron que me acostara en el asiento trasero del auto para no reconocer el trayecto. Lo que sí pude percibir es que salimos de la ciudad. Al llegar a su casa, un hombre y una mujer me recibieron, pero la señora no había llegado aún. Mi sorpresa fue que me invitaban a cenar. Nos dispusimos a platicar mientras llegaba la jefa. Esperamos alrededor de 30 minutos, cuando el portón de la cochera se abrió y entró un lujoso vehículo de modelo reciente. Detrás de ese auto ingresaba una camioneta, doble cabina, color negra. Ambas unidades con vidrios polarizados. La persona que había llegado era Gloria Benítez, junto con cuatro hombres que siempre andan "cuidándola". De la camioneta bajó ella y alguien que parecía ser su hijo. Al ingresar a la casa me saludó y se disculpó por llegar tarde.

Su saludo fue efusivo; bromeando me preguntó si yo estudiaba periodismo. Contesté que no, que no era periodista, y que estaba por terminar la carrera en estudios internacionales. Dijo que prefería que la entrevista fuera después de cenar. En el transcurso de ésta cuestionó el motivo de este proyecto, que si conocía el riesgo en el que me estaba metiendo y que "a buena hora empiezas a hacer este trabajo, ahorita con tanta 'matadera' que hay, muchacho". Tenía razón, pues desde 2007 habían ocurrido muchos eventos violentos en el estado de Sinaloa que aún no se podían "calmar".

Al terminar la cena nos dirigimos a la sala, donde nos acompañó una mujer joven. Le entregué una hoja con las preguntas de la entrevista y le dije que solamente contestara las que quisiera. Que posteriormente yo haría otras preguntas conforme fuera avanzando nuestra conversación. Le expliqué, como lo hice con las mujeres presas, que no incluiría su nombre ni tampoco los de sus "contactos", por su seguridad y, por supuesto, por la mía. Comentó que eso ya era trabajo de otras personas, es decir, del gobierno. Bromeó al no proporcionar su edad porque "un hombre no debe preguntar ese número" e inmediatamente comencé a aplicar el cuestionario.

★ ★ ★

¿CÓMO SE INICIÓ EN EL NARCOTRÁFICO?

Gloria Benítez contó que cuando cursaba la secundaria se embarazó de su hija y ya no tuvo oportunidad de seguir estudiando. Su esposo tenía tiempo trabajando como chofer; transportaba droga a la frontera, hasta que decidió quedarse del "otro lado". Fue entonces que su marido mandó dinero para que ella emigrara con papeles. "Al principio fue difícil porque no conocía el idioma, y sufría por mi hija que iba a entrar al kínder y no sabía inglés." Permanecieron cuatro años más "pasando la buena vida: dinero, compras grandes, casas en México para la familia…" Hasta que mataron a su cónyuge en un tiroteo en California, cerca de Los Ángeles.

El día que murió su marido, ella regresó a México y en lo primero que pensó fue en sus hijos: "Cómo le iba a hacer si no había trabajado anteriormente. Tenía 22 años y con dos hijos allá. Mi cuñado [un hermano de mi esposo que ya tenía tiempo viviendo en San Diego] me recomendó que retornara para no exponer a mis hijos a alguna venganza". No obstante, reconoce que el dinero y la vida en California eran muy buenos, así que de nuevo viajó a aquel estado norteamericano con su cuñado, y ella sola comenzó a trabajar "moviendo" mercancía de la frontera de Baja California a California y comprando vehículos para ello.

De esta manera, Gloria Benítez pasó de ser una *burrera* de grandes cantidades a participar activamente en el negocio de las drogas.

127

¿HA SIDO DIFÍCIL?

Sin pensarlo dijo: "Sí, claro que lo ha sido. Más porque eres mujer y te malinterpretan las cosas. Y más si te ven sola; creen que andas en busca de alguno que te mantenga, pero yo quiero trabajar, solamente eso. Para eso hay otro tipo de mujer y yo no soy de ésas".

Para Gloria Benítez es muy importante mantener bien a su familia; sobre todo que esté segura y fuera de todos los problemas inherentes al negocio de las drogas.

Difiere del tipo de mujer-trofeo, que como objeto de adorno o por su belleza capturan la atención de los narcotraficantes.

¿EL NARCOTRÁFICO ES NEGOCIO PARA LAS MUJERES?

"No, pero de algo se tiene que vivir." Ella considera que el ambiente del narco es muy violento para el trabajo ideal de una mujer. Más porque aún existe el machismo, aunque agrega: "Lo que cuenta aquí es cómo lo haces y los contactos que tienes, no qué tan poderoso dices ser. La presunción te acarrea problemas".

¿DINERO O PODER?

"Dinero; con él haces lo que quieras." El uso del poder que el dinero les proporciona puede ser útil para manejar sus relaciones dentro del narcotráfico y en la esfera social.

¿POR QUÉ NO ELIGIÓ OTRO TRABAJO?

Me comentó que como ya era madre no había algún trabajo disponible ni capacitación rápida para ponerse a trabajar. "Ya conocía los *cómo*, los *quiénes* y los *cuándo*; intenté y pues me quedé y me hice a la idea de que no sería rápido. Tenía que ganarme confianza y respeto, porque era mujer."

¿EL GOBIERNO CUMPLE SU FUNCIÓN EN CONTRA DEL NARCO?

"No, sólo hace que empeoren las cosas, crea división." Gloria Benítez considera que la violencia que vivimos es más por las decisiones equivocadas que toma el gobierno que por "trabajar y quedar
bien con otros gobiernos".

¿LOS NARCOS SON BUENOS?

"Si matan son malos; si te dan dinero o construyen calles o escuelas
son buenos... Dime tú."

¿SE TERMINARÁ EL NARCOTRÁFICO?

"Sólo si se legaliza porque ya no sería redituable como ahora, y
habría que hacer otras cosas, pero está muy lejos de que pase eso.
Este es un negocio redondo, además de que las personas del gobierno son muy hipócritas: te agarran la *mordida* para que puedas seguir
trabajando, si les caes bien. Los gringos también, te agarran dinero."
Gloria, considera que el dinero, después de todo, puede corromper
a muchas personas.

¿QUÉ DIFERENCIAS ENCUENTRA ENTRE UN NARCO Y UNA *NARCA*?

"No somos vistosas las mujeres, además se nos confunde con las
queridas. El hombre es más macho, según más poderoso, y quieren
que todos lo miren." La manera de operar de los hombres y las
mujeres es muy diferente, considera Gloria Benítez. Al entrevistar
a estas mujeres salta a la vista que ellas son más prudentes que los
hombres en sus actividades para traficar sustancias ilícitas.

★ ★ ★

129

De la misma forma influye cómo utilizarán el poder. "Es más fácil manejar a los hombres... no son tan sensibles como las mujeres", dice otra jefa, Alicia Cárdenas, de 45 años.

Pregunté por su familia. Era la quinta hija y la mayor de cinco hermanos. Concluyó la preparatoria. Sus padres tenían tierras en las que sembraban frijol. Y vivían bien pero sin lujos.

¿Cómo se inició en el narcotráfico?

Alicia Cárdenas tenía un tío que "ya estaba metido en esto", que la llamó para ver si quería ir a estudiar fuera, pero ella no quiso; sólo deseaba trabajar para ayudar en su casa, así que se fue a Hermosillo a manejar las cuentas de unos negocios de su tío: boutiques y departamentos para rentar.

De esta manera prestó su nombre para adquirir más inmuebles y seguir rentándolos. Se hizo de buen dinero y le gustó la vida que tenía. Iba a cumplir 20 años y ya era dueña de una casa, chica pero ya era suya. Y siguió ahorrando. Y gracias a su tío conoció a su esposo, que era hijo de un narcotraficante de Cosalá. Se casaron. Ella regresó a vivir primero a Los Mochis y después a diferentes partes de México. Volvió a Hermosillo, donde tuvo a su primogénito. El único hijo, a quien impulsa para que ingrese a una universidad, sin embargo no ha tenido éxito, sin embargo insiste. Al menos, dice lo mandará a trabajar a alguno de los negocios que posee en Culiacán o Guasave. Esto ha sido motivo de pleitos entre su esposo y ella porque piensa que no debe mantener a su hijo. Sería hacerlo irresponsable y rodearlo de malas personas.

Encontramos en este caso la evidencia que plantean diferentes investigadores sobre el papel de los hombres al influir en la vida de la mujer para incursionar en el narcotráfico. En este ejemplo el tío fue quien propició directamente su ingreso al colocar a Alicia Cárdenas como administradora de negocios donde se lavaba dinero.

¿HA SIDO DIFICIL?

Alicia Cárdenas considera que sí, porque "aquí no se cometen errores que se remedian con un despido o un recorte a tu pago… Aquí
te pueden correr pero directito al panteón". Cree que lo más difícil es hacer tratos con otras mujeres, porque hay mucha envidia.
"¿Cómo te va a mandar otra que es más joven que tú o que no es de
aquí? Es más fácil manejar a los hombres, no son tan sensibles como
las mujeres." Comentó que lo más complicado para ella es mantener a su hijo fuera del negocio. "No quiero que se dedique a esto,
pero ésa ya es su decisión y me duele que se meta en problemas."

¿EL NARCOTRÁFICO ES UN TRABAJO PARA MUJERES?

Asegura que es para "quien quiera entrarle"; el problema es "salir"
vivo. "Es muy coqueto este trabajo, hay muchas cosas buenas como
el dinero y lo que esto te trae." Pero la mujer pierde mucho dentro del narco "porque tiene que estar en la casa criando a los hijos.
Las mujeres están impuestas [sic] nomás a gastar pero no a trabajar
y por eso las ven menos. O los que no están dentro nos ven como
marimachas porque te haces de un carácter fuerte. Lo único diferente que tenemos es el cuerpo y la cabeza". Al igual que Gloria
Benítez, Alicia Cárdenas también difiere del concepto *mujeres trofeo*,
del que habla José Manuel Valenzuela (2002).

¿DINERO O PODER?

"Mucho de ambos es malo… Te ganas la cara de banco y la cara de
maldita."

¿POR QUÉ NO ELIGIÓ OTRO TRABAJO?

"Dime tú un trabajo que me mantenga como hasta ahorita, o debe-
ría preguntarte: ¿hay trabajo?" Alicia piensa que el dinero que genera

en una operación no lo gana ni pidiendo prestado al banco. Tampoco le gusta depender de su marido "porque ahorita está; mañana ya no". Piensa en su hijo y lo "malacostumbrado que se encuentra".

¿EL GOBIERNO CUMPLE SU FUNCIÓN EN CONTRA DEL NARCO?

"¡Si se les escapan de las cárceles de mayor seguridad!" Para ella el gobierno sólo le da "atole con el dedo a la sociedad". Considera que el narco y el gobierno son el mismo "monstruo", pero con la diferencia de que los "narcos dan dinero si trabajas o si les pides; no te mandan a que vengas después".

¿LOS NARCOS SON BUENOS?

"Hay de todo; sólo porque no es legal es malo, pero nadie te obliga a consumir."

¿SE TERMINARÁ EL NARCOTRÁFICO?

"A nadie le conviene, porque es mucho dinero lo que se logra, y mucho dinero el que se guardan [los del gobierno]."

¿QUÉ DIFERENCIAS ENCUENTRA ENTRE UN NARCO Y UNA *NARCA*?

Para Alicia la diferencia radica en que hay muchos narcos pero ninguno como una *narca* inteligente; "somos pocas pero más listas".

¿POR QUÉ?

Cree que hay que saber invertir en lo que te deje, porque considera que el narcotráfico "es como la agricultura: por temporadas". Opina que si se tiene familia lo mejor es ahorrar, pues "si alguien falta porque está muerto o en la cárcel… el dinero no deja de llegar, o al menos está 'ahorrado'".

★ ★ ★

Esta forma singular de las mujeres de dirigir la organización criminal dista mucho de la forma como lo hacen los hombres. Sus características particulares permiten a las mujeres forjar un capital financiero y social respetable y estable. El estilo femenino, tranquilo y de mayor capacidad administrativa, no sólo se ve reflejado en los recursos financieros, sino en la manera en que entienden el poder.

"La ambición es el primer paso para que te traicionen", dice Guadalupe Medina, de 56 años, hermana de cinco hombres y cuatro mujeres, y madre de cinco hombres con estudios universitarios, quienes participan en el negocio familiar que ella ha creado. "Agradezco a Dios que aún sigo con vida, y al parecer todavía me queda rato", afirma Guadalupe, quien ha logrado codearse con hombres de alto mando en el narcotráfico. "Me tuteo con quien tú quieras o me hablan de *usted*."

Sus padres no tuvieron relación con el narcotráfico. Estudió química en una universidad del estado de Sinaloa, pero jamás se tituló: "Creo que cuentan más las aptitudes que tiene la gente; el papel ya es puro protocolo".

Fue muy difícil contactarla porque considera que "lo mejor que puedes hacer en este trabajo es no llamar la atención; sonar menos para durar más". Sencilla, pasa inadvertida, aunque da la apariencia de ser una mujer de negocios. Rechazó hablar conmigo dos veces porque no le interesa que la gente se entere de ella. Dice que lo que se comenta del narco algunas veces no es del todo cierto.

Guadalupe Medina aceptó darme la entrevista, que no duraría más de una hora, sólo para no ser "mala sin necesidad de serlo". Una persona que la conoce dice que es una "vieja bien *pesada*, tranquila; una señora. El problema son sus hijos, que luego luego quieren sacar pleito".

Cuando me encontré con ella lucía ropa fina y formal. No aparenta tener 56 años de edad. Es de mediana estatura y tiene el pelo a la espalda, teñido de rubio. Me dijo: "Tienes una hora y yo sabré si te contesto o no"; además, me advirtió que no la grabara y que no le tomara fotos ni que me la "sacara de vivo". En realidad, la entrevista se prolongó más de lo que ella estableció originalmente.

Contestó todas las preguntas siempre seria, observando cada uno de mis movimiento. Si algo le parecía "raro", no dudaba en preguntarme a quién le estaba haciendo señas; lo cual, por supuesto, ni por asomo se me ocurría.

¿CÓMO SE INICIÓ EN EL NARCOTRÁFICO?

Fue durante su época de universitaria cuando se relacionó sentimentalmente con el que fue su primer marido, originario de Jalisco. "Tenía familia en Culiacán; una tía de él nos presentó. Yo trabajaba en una tienda y su tía estaba en la misma área." Ella sabía que la familia de él estaba envuelta en negocios poco claros. Se alejó por lo que diría la gente, pero principalmente porque en su propia familia no lo aceptarían, "primero porque andaba mal, y yo tampoco había terminado la escuela [...] La educación fue lo que me dejaron mis padres". Casi al terminar la carrera se casó con él. Tuvo su primer hijo, pero al año se separó porque el esposo era muy violento. "Nunca me puso un dedo encima porque nunca me dejé, pero sí llegó a amenazarme con quitarme a mi hijo [...] le puse un hasta aquí. Tenía miedo pero debía pensar por mí y por mi hijo. Podía trabajar, no dependía de él. Lo cierto es que ya ni tenía lujos. Un día me llamó porque quería ver al niño; fui con él. Estaba con sus amigos que también andaban en esto. Me conocían y me respetaban porque era aún la esposa de él. Me pidió que guardara un dinero. Me entregó unas maletas. Dijo que se iba a ir a hacer negocios fuera. Y se fue y ya no regresó porque lo mataron a él y a tres de sus amigos. Me quedé con el dinero y cuatro casas."

Guadalupe comentó que en todas las casas había dinero y droga, así que decidió vender la droga y "cuando menos lo pensé ya estaba dentro; tenía que hacer que el dinero circulara y que creciera". La relación que mantuvo con su primer esposo influyó decididamente para que se iniciara en el tráfico de drogas.

134

¿HA SIDO DIFICÍL?

Ella piensa que la vida está llena de esfuerzos, que nada es fácil, y cuando lo es "no durará o no vale la pena". Pero está segura de que por ser mujer ha logrado muchas cosas, "como no hacerse notar". El mundo del narco está dominado por hombres y "los hombres todo lo relacionan con el poder y el sexo; se enferman de poder por ambiciosos y es cuando viene el problema. Si eres mujer creen que buscas sexo y dinero. O no confían en ti porque creen que no-más quieres gastar".

Considera que la dificultad aumenta cuando hay hijos de por medio. Después de su primer matrimonio se casó de nuevo. Tuvo más hijos. El segundo marido también era narco, pero se ponía celoso de los logros de ella. "Yo pienso que aquello que no te sirve hay que tirarlo... como la basura; si te quedas con ella, apestas. Si no ayudas no sirves." Así que se divorció. Dos años más tarde contrajo nupcias de nuevo y tuvo a su último hijo. Con su tercer marido sigue casada y es socio de ella.

¿EL NARCOTRÁFICO ES UN TRABAJO PARA MUJERES?

Asegura que es una actividad como cualquiera: "Tienes que trabajar para mantenerte; cada quien actúa a su manera. Algunas veces no son las adecuadas. Y sí, es de hombres a veces por aquello de que te tienes que "aguantar". No puedo ir a acusar a alguien de que no me ha pagado o que me quiso ver la cara de pendeja. Pero, como te digo, tienes bocas que mantener, sean tus hijos o tu mamá, si lo haces es por algo".

Para ella, la violencia en este "trabajo" es necesaria, "pero es el último recurso que hay que utilizar. La discreción ante todo".

¿DINERO O PODER?

"El dinero tiene su propio poder." Guadalupe cree que la mujer siempre lo hace pensando en ella y para los de ella; en cambio, los hombres lo hacen por poder y así ganar más dinero. "Es peligroso el poder que tiene el dinero; te hace perder la cabeza y cometer tonteras." Es entonces que el poder concedido por el dinero debe ser administrado de manera que no les cause problemas.

¿POR QUÉ NO ELIGIÓ OTRO TRABAJO?

"Te acostumbras a lo bueno y a ayudar; la ayuda no es desinteresada, eso es mentira. Ayudas porque te van ayudar a ti en un futuro o en ese momento." A estas piensa que quizá hubiera sido otra, o que gracias a que fue inteligente y administró lo que le quedó de su primer esposo y se animó a "entrarle a la movida", llegó a ser lo que es ahorita.

¿EL GOBIERNO CUMPLE SU FUNCIÓN EN CONTRA DEL NARCO?

Guadalupe Medina no confía en los políticos, sólo en Dios y en ella misma. Para ella, el político es igual a simulación e hipocresía. "Trabajamos juntos; a veces ellos tienen más poder porque son muchos contra unos cuantos o uno solo. Se puede llegar a 'apalabrar' al gobierno y hacerte subir o bajar a los que quieras... todo tiene un precio."

¿SE TERMINARÁ EL NARCOTRÁFICO?

"No. El negocio sigue esté quien esté en el gobierno o a la sombra de él. Ahorita lo que ha hecho Calderón es pura faramalla, porque todos sabemos que desde la cárcel puedes trabajar. Se me terminará para mí cuando me muera, pero quizá le sigan mis hijos o no sé. Dios dirá."

¿LOS NARCOS SON BUENOS?

Depende de cada quien, señala. "Aquí [en el narco] tienes que mandar matar antes de que te maten. Si matas a alguien para su familia, tú eres malo; pero si les ayudas a sacar la carrera, a que se vayan de viaje, a que les hagas una escuela, una iglesia, eres buena persona, te respetan y quieren ser como tú." La señora Medina considera que son humanos y cometen errores; que, a diferencia de otros, estos yerros pueden ser caros, e incluso se pagan con la vida de alguien cercano o con la de uno mismo. Por eso tienen que actuar algunas veces de maneras "malas o desesperadas". "No sabes quién te va a ayudar; si estás jodido te critican, y si estás arriba te alaban; yo creo que depende de quién lo vea."

¿QUÉ DIFERENCIA ENCUENTRA ENTRE UN NARCO Y UNA *NARCA*?

Mi entrevistada ríe, y contesta que la inteligencia es necesaria. "Una tiene que pensar bien las cosas, si te quieres exponer a que todos te vean, si quieres fama y dinero, o sólo quieres dinero y trabajar. Al final todo terminará en el panteón, seas hombre o mujer, rico o pobre. Para mí, los hombres a veces quieren fama y poder para que todos los conozcan, pero se confunden. Eso no está bien; te conocen, te envidian o te quieren quitar; hay quienes son famosos y no tienen dinero, a cada rato se mueren de hambre [...] Son toscos, violentos, presumidos. No digo que mujeres no hay así. Las hay, pero algunas no trabajan, solamente son la "otra" o la hija que tiene todo, que no sabe lo que cuesta ganarse cada billete que gastas. Además, si eres violento, según ellos, te respetan; pero en el narco, si te confías y eres prepotente, ya valiste, caes mal y después te ponen; el miedo y el respeto no son sinónimos para mí."

Asevera que ella siempre es "pareja con todos"; siempre recuerda quién la ayuda y a quién ayuda. Dice que pese a su posición no considera que está favorecida; piensa que en cualquier momento pueden golpearla con su familia, por eso sigue cada regla del juego. "Lo que más me dolería es mi familia", concluye Guadalupe.

Las mujeres ya juegan un papel estratégico en el narcotráfico. La mayoría siguen siendo *burreras*, correos, jornaleras, *lavadoras* de dinero, amantes o amas de casa; sin embargo, las que se suman a las filas de las faenas duras, como el manejo de armas, la dirección de células o la jefatura de territorios enteros de un cártel, son cada vez más.

No obstante lo anterior, para todas, la familia es mucho más importante que para los hombres.

La realidad de las mujeres presas, como quienes no lo están, muestra que la familia es el punto nodal para ellas. La visión sobre el narcotráfico que tienen las mujeres presas o las que están libres es igual, pues consideran a esta actividad como un "negocio redondo".

La mujer en el mundo del narco ya no es tan sólo la esposa que comprende en todo al marido, la madre que cuida a los hijos de los capos, la que se preocupa por sus hijos cuando participan en la delincuencia; también es la que sentencian los tribunales por ser sicaria o jefa. La nueva mujer del narco ya no está tampoco exenta de las venganzas de grupos contrarios. Ahora se involucra activamente en todo tipo de actividades delictivas: la confección de droga, las finanzas o los negocios para el blanqueo de dinero. Sin embargo, el hecho de que sean mujeres todavía les permite cierta "invisibilidad".

Aun con todos los cambios, las mujeres demuestran que lo más importante para ellas es el dinero que beneficia a su familia. La importancia de la familia es vital para ellas, la razón por la cual son extremadamente cautas en sus operaciones. Sin embargo, el éxito en el oficio del narcotráfico no depende tanto de los vínculos familiares —dicen las mujeres—, sino de la inteligencia y el carácter.

6

Mujeres de arranque, mujeres de poder

CHRISTIAN MORENO LIZÁRRAGA

Ellas, tan femeninas y tan machotas, se ven frágiles, pero poseen un tremendo poder. Son las mujeres de arranque, de poder; las que mandan y saben guiar el cártel a su merced.

Tal como las olas que vienen y van en el bello atardecer de Mazatlán, hay otro ocaso que acontece día a día: la muerte. Quizá sean muchas olas las que se estrellan en el mar, tal como los balazos que embisten el cuerpo de aquel que se portó mal. Es el atardecer hermoso, del puerto de Mazatlán, tan único y tan espectacular como las mujeres que matan sin piedad.

Ellas son de arranque; el miedo no es para ellas, sino para quien no acata lo que dice su boca que, indudablemente, recibió órdenes de un cerebro inteligente y astuto. "El miedo lo regalamos a diario, nos estorba", afirman. Lo distribuyen por todo Sinaloa. Aunque no saben nada de las teorías de la exclusión social, ellas no excluyen a nadie, siempre y cuando sepa morir; el lugar no importa. Reparten cuerpos en colonias lejanas y hasta en zonas de alta plusvalía. Todo sea por trabajar derecho, cuando andas chueco, tal cual como decía César Batman Güemes:[1] "Cuando se vive torcido, no hay de otra que trabajar derecho".

---

[1] No de los personajes de *La Reina del Sur*, la novela de Arturo Pérez-Reverte.

La vida, el destino, la familia, el amor y la distribución injusta de la riqueza las obligó a estar aquí, en el narcotráfico. Dicen que eso no tiene nada que ver, que es cosa de cada quien elegir la vida misma. En realidad sucede lo contrario, los factores son muchos y más cuando se vive en constante rechazo, maltrato y sumisión. Las mujeres mexicanas no hacen otra cosa que aceptar la cultura dominante "como Dios manda", o como la Virgencita de Guadalupe les permita comprender el porqué de su situación.

Ellas, las *narcas*, hoy tienen poder porque así mismo lo quiso Dios, el sistema, la familia, la sociedad y hasta el perro hambriento que las mordió por no tener ni un hueso que morder. Pobre perro, pobre gente, pobre sociedad, pobre de ellas si no hacen las cosas bien. Un paso en falso y serán historia, como los capos famosos por sus corridos.

Ellas también tienen sus corridos que escuchan a todo volumen en sus autos de lujo, paseando por el malecón, por las colonias caras de Sinaloa, por la frontera, por el casino que hoy ya no es casino porque un grupo armado lo incendió. Se les ve pasear por los mejores lugares de México y el extranjero, pero también se les observa trabajando en el barrio chúntaro que las vio crecer. Muchas de ellas ya no pisan tierra apestosa, pero otras son más humildes y llevan la banda a la colonia polvorienta para que la gente vea que ya no son las mismas. Ahora son más pobres de corazón, pero más ricas en dinero.

No es sólo Mazatlán, o Sinaloa, o Jalisco, o Monterrey, o Acapulco... la cuna de estas princesas pisteadoras, traficantes, poderosas. Están en todo México, donde les paguen más; muchas no pensaron siempre en el dinero, sino en amar; son leales y no piensan defraudar la confianza depositada por el grande, el capo mayor. O quizás el menor, de cualquier modo, su hombre, su macho, su padre o su hermano valen más que un costal de oro, como dice la canción. No todas tienen grandes cargos, sin embargo no dejan de llamar la atención. Quien conoce de narco sabe que pocas mujeres dominan plazas, sean éstas grandes o chicas; saben que no es común encontrar a una *sicaria*, porque, según se dice, a las mujeres el miedo y el llanto las invade.

"Qué van a saber los pinches batos de uno, de mujer, [que] es más valiente que un pinche policía… y más si es municipal."

Es interesante saber que ellas tenían sueños como cualquier mujer: casarse de blanco, "si no hay dinero no importa, con una cenita familiar bastaba; tener hijos, llevarlos a la escuela y tomar unos cursos de belleza para alinearse su cabello, sus uñas, o bien cualquier cosa que te ayude a distraerte o a sacar para los lujitos extras que el marido no puede mantener". Otras pensaban estudiar, recibirse de profesionistas, trabajar en una empresa o una institución y luego, de nuevo, casarse y tener hijos como cualquier mujer. Los caminos no son los mismos para todas, mucho menos las mujeres son para todos los caminos; por eso ellas son de esa manera. "A nosotros nos tocó ser así, y lo hacemos sin miedo."

"Lo hicimos por nuestra familia", para sostener los gastos impagables de la estirpe numerosa. Considerando que hicieron su lucha trabajando para el sistema que otorga un sueldo mísero, aun trabajando 12 horas. Quizá más, quizá menos, aquí en México, para el ciudadano, para el gobernado, el tiempo no tiene valor. Pero para el ingobernado el tiempo hoy se convierte en oro molido. El tiempo, los días, las horas, los minutos e incluso los segundos valen más hoy para ellas, porque ya para ellos no valieron. "Mi esposo ya murió, prefirió recortar su tiempo pero vivir mejor", dijo una de ellas. Lo peor del caso es que la herencia que dejó el valiente —ahora cobarde, o el cobarde, ahora valiente (por aquello de que en México se santifica y se honorifica a los muertos)— es el legado del mando, de la dirección. "Ya mataron a mi padre, quedó mi hermano, pero él murió en la última balacera y hoy sigo yo al frente por azares del destino." La chiqueada que siempre andaba en los *bisnes* de papá es quien ahora opera el negocio, que conoce a la perfección.

Es claro que no todas iniciaron por el padre o por el hermano; también hay quienes sufrieron mucha pobreza, aún más cuando se casaron. Ellas, esposas leales, fieles, sumisas y sufridas por el hambre y por el hombre, dejaron actuar al macho. Si bien es cierto que en la cultura mexicana es el hombre quien tiene que sustentar a la familia, a la mujer le corresponde cocinar, trapear, sacudir, lavar ropa y trastes, educar, etc. Son tantas las actividades de la mujer en México, que si se describen todas no alcanzarían 100 hojas. Dejando el rol de la mujer que no hace nada, pero que hace todo, es ella quien dirige el hogar, es la hormiga trabajadora que prevé y asume el mando cuando es necesario. "Cuando mi marido 'colgó los tenis' (se murió, pues), grité, me quedé sola, desamparada, pero después me puse al frente."

Desconocían en un principio que sabían hacer todo. El rol de mujer sumisa fue sustituido para hacerse cargo de la célula que se quedó sin mandamás. "El miedo nos teme a nosotras; no sabemos perdonar a quien anda de *cochino*;[2] sabe bien que tiene que despedirse del mundo, del barrio, de su familia."

Son mujeres de poder, con quienes no se puede jugar; son serias y firmes en sus decisiones, controlan el lugar.

Como Yasmín, de quien ya nunca se supo más, le entró de lleno al negocio desde los 15 años de edad y sólo duró dos años cuando desapareció, su familia recibió una llamada que les indicaba no buscarla más, que viva ya no la encontrarían.

¿Cuándo un mexicano cubrirá los costos de vida con un sueldo de 50 pesos diarios, con una jornada de ocho horas más dos que dura el transporte urbano para llegar hasta su casa? Los hijos crecen sin educación, sin formación académica, con muchas ganas de tener algo valioso, lo cual es para éstos un sinónimo de costoso. Los hijos de padres pasivos crecen con ansias de poseer, no importa a quién haya que matar o cuántos kilos de mariguana o cocaína haya que cruzar por el desierto hasta llegar al otro lado. La impotencia, la rabia y la frustración se convierten en violencia aplicada por estos seres inocentes que vivieron en la legalidad llena de injusticia económica, social, política y cultural.

---

[2] Los narcotraficantes les llaman *cochinos* a los trabajadores que pasan información al cártel contrario.

Por ello, muchas personas —cada vez más niños y mujeres— entran al narco sin miedo; "al fin hay más que ganar que lo que se pudiera perder", dice quien se resiste a vivir una vida entera con un rol de sirvienta, golpeada, maltratada física, emocional, psicológica y económicamente, que se rehúsa a ser esclava de un macho incompleto y de hijos que tarde que temprano serán igual que el padre de machos y de hijas sumisas. Por eso, cuando las mujeres son sometidas a la condena cultural y al mismo rol de hace décadas —de siglos quizá—, buscan otro tipo de vida, tal vez con un periodo más corto pero diferente. Ahora comprendo la expresión de una de ellas: "Sí, yo era una *chacuana* y mírame dónde estoy".

Se compara con una tortuga de esas que llamadan *chacuanas*, de imagen fea, prieta, oscura, para que mejor entiendan. Está orgullosa de su profesión, la cual adoptó en la calle con el primo de un amigo que la invitó a vender droga (mariguana y *perico*), a trabajar en *jales* extraordinarios por una feria más y a quien enseñaron a disparar, por eso de las moscas, en un *bisnes* mal parido... Ahora ella es la que controla el barrio entero que la vio nacer. "Le pongo orden a los rateros, los drogadictos *cagazones*, los borrachitos viejos, los atrabancados que pasan en las motos y los autos. ¡Con el riesgo de que atropellen a los niños! ¡Ni lo mande Dios! No permito entrar a los contras. En cada esquina tengo un *halcón*."

Se autodenomina *la Valentina R1*, aunque dice que le convendría que le llamaran *Chacuaca*, porque fuma sin control, o más bien con control, porque fuma uno tras otro, los dos al mismo tiempo no.

Todas son distintas, lo que las pone en un mismo texto es el ambiente. Porque han de saber que el ambiente determina a las personas, su identidad; eso no lo digo yo, sino el antropólogo Gilberto Giménez. Todo depende de dónde nazcas, cómo vivas, de quién eres hija, a qué escuela vas; ése es el ambiente del que hablo. Es el ambiente el que construye su identidad, tu identidad. Las mujeres de arranque cuentan con una identidad construida, sólida, que tiempo atrás se alimentaba de coraje a cada minuto. Ellas saben que se encuentran en peligro, que por entendido nacieron en él. Para mi ver, no es pecado ser mexicana, sino comprenderse como mexicana. Verse en un escenario tan complejo, pero rico al fin, donde la oportunidad de estar en el poder se la dieron los machos, que por descuido de sus bocas, de sus excesos en las borracheras, de la ambición de sólo tener para ellos, sin importar la familia, las hizo caer. "Murieron por fanfarrones, bocones y traicioneros, por eso hoy estamos con el poder. Sabemos que no es trabajo bueno, pero no hay más cuando ya estás adentro, sin querer queriendo."

Ellas tuvieron miedo cuando eran niñas (las que sufrieron). También compartieron el temor cuando se quedaron solas, sin macho, sin "esposito", como le decía Irma a su marido. Hoy el miedo permanece, pero no en ellas, sino en las calles. Por ejemplo, la gente de aquí, de Sinaloa, dice que no se raja; yo digo lo contrario, como bien lo dice un programa de fantasmas editado por una televisora a quien no quiero hacer alusión: "Aquí se respira el miedo". Las calles huelen a miedo; es un olor que te hace sentir fría la nariz, que te hace suspirar y no precisamente por amor. El corazón se agita y no por ilusión; el miedo se siente en la nuca, en los dedos fríos de las manos y en los pies, con sudor cuando quiere entrometerse el pánico. Se mira hasta en las piedras que han sido testigos de asaltos, robos, *levantones*; piedras que han servido de sostén para los embolsados, para los descuartizados e incluso para la cabeza que sin cuerpo ha quedado ahí, en las mismas rocas que pisan los inocentes, los niños; las mismas rocas que sirven para hacer comida, como dicen las pequeñas que juegan con sus trastecitos de plástico.

Recuerdan ellas, las *sicarias*, que cuando eran niñas también jugaban a los trastecitos, a las monas —algunas corrientes, las más pobres; a las Barbies, las que tenían más—; los juegos eran sanos, no podían faltar en las tardes; se bañaban, y con su cabellos sueltos, libres como ellas, salían a jugar a las escondidas, sin ocultarse de policías, ni de los contras, sólo de sus amigos, que si las encontraban únicamente se invertía el turno de buscar y otra vez a continuar el juego.

Hoy se esconden cuando se avientan un *jale* y se exhiben cuando todo está bajo control; aunque poderosas, hoy en día también experimentan el delirio de persecución. Antes todo era un juego; hoy, quien se esconde huele a traición, y si es encontrado, a rezarle al santo patrón, a san Judas Tadeo y a todos los santos para que su muerte sea rápida, sin saña; al final se sabe que tarde o temprano su momento llegará.

En Sinaloa ya inventaron un par de santos, cada uno con una tarea específica; sólo una para que no se desconcentre y realice el milagrito. Se nombra a todos los santos, porque en estos tiempos se piden muchas cosas. El rezo es el siguiente:

ORACIÓN DE SINALOA

Santa Pascuala. ¡Que no me alcance una bala!
Santa Antonieta. ¡Que no me quiten mi camioneta!
San Macario. ¡Que no me persiga un sicario!
San Andrés. ¡Líbrame de un secuestro exprés!
San Abulón. ¡Líbrame de un levantón!
San Timoteo. ¡Que no me toque un tiroteo!
San Federico. ¡Que no me rompan el hocico.
Santa Librada. ¡Que no me caiga una granada y me cargue
    la chingada!
Amén

Se desconoce quién inventó el rezo y a los santos. Lo único que sé, es que la red social Facebook ha servido para desbocar la subjetividad del individuo, haciendo sus comentarios y sus publicaciones objetivas. Es la salida del que se esconde detrás de la computadora, del celular que tiene *wi-fi*. El Facebook es una red social alimentada de sueños, frustraciones, envidias; es decir, de mucha carga emocional.

Las calles de Sinaloa huelen a miedo, a peligro. Pero ellas, las *sicarias*, las mujeres de poder, las mujeres de arranque, lo ocultan con perfumes caros. Observan el reflejo de su espejo incrustado en el ropero, enchuecan la boca, se preparan para salir a la calle a trabajar firmemente como no lo hizo el capo. Con una mirada ruda, fija, minimizan los gestos de empatía con la gente para no causar confianza ni inseguridad, mucho menos debilidad.

No pensé que fuera fácil comprenderlas, pero las observo, las escucho, las entiendo sin el menor problema; son inteligentes porque, si no, ya estuvieran muertas.

Las mujeres de arranque tienen poder, son de fiar, son de ley y cuando hay que jalar se avientan al ruedo sin pensar en la familia que podrían dejar. Y es que por la familia ellas están ahí, tratando de sacar para el taco del día, aunque siempre el negocio da para más, e incluso alcanza para autos nuevos y hasta para casas de seguridad. Todo está bajo control en ellas, siempre hay que confiar. Dirigen mejor las cosas y de un problema grande se pueden escabullir; siempre saben cómo actuar.

"Si yo tengo más huevos que mi marido", exclama *la Doña*. Mujer de arranque, nacida entre los cateos y militares que trataban de encontrar la droga que vendía su madre. "Hasta tarados son", exclama con una sonrisa fría en el rostro, sarcástica; se burla de los hombres, que para ella "carecen de ideas". *La Doña* ha traficado con personas y drogas, se encarga de hacer los pedidos y dar las instrucciones cuando llega la mercancía. La compra de visas, el control de los *pollos*, la droga, las llamadas y las madrizas son *jales* extras bien cobrados. El trabajo es estable para ella. Entrega todo su tiempo y la vida misma.

La ropa, los autos y los celulares son para trabajar. Sin ellos no estaría dispuesta a arriesgar la vida. "Todo es negocio y tienes que saber venderte." El trato honorable al cual está acostumbrada no le permite exhibirse tal cual es; disimula todo: sus gestos, sus risas, sus penas y sus alegrías. Se mira al espejo y observa a la persona que quiere ver y a la que es; sin titubear, prefiere hacer una mezcla y siempre disimular. La fortaleza, la seguridad, las tiene donde hoy está.

146

"He visto sangre fresca de personas sin ser doctor; no es que yo sea sanguinaria, sino que tan sólo veo la ley de los hombres y dejo que Dios aplique la suya en su momento."

El objetivo de entrevistar tanto a *la Doña* como a *la Valentina R1* fue descubrir a la mujer que la sociedad mira pero que no observa. Las mujeres son como camaleones: siempre cambia su color de piel según el contexto. Todo lo adecuan, lo acomodan.

LA BELLEZA, LOS LUJOS, LOS CORRIDOS Y EL PODER

Sinaloa, como Sonora y Nuevo León, son entidades adornadas con bellas mujeres. Algunas de ellas —especiales dentro del bello género femenino— cambiaron el sartén por la pistola, el trapeador por el dinero, la escoba por el automóvil, la plancha por el Nextel.

Se pasean en vehículos último modelo —Cheyene, BMW, Hummer, Camaro, Mustang o Avengers—; escuchan a todo volumen narcocorridos y corridos dirigidos a mujeres, interpretados por mujeres que poco temen cantar estrofas en las que se les describe tal cual. Yasmín, una intérprete de Culiacán, entona *Las plebitas chacalosas*, que en uno de sus fragmentos pregona:

> Cargan las mejores bandas,
> también los grupos norteños.
> Aunque se miran calmadas
> también le jalan al cuerno.
> De que las pueden las pueden,
> ahí pa' quien quiera saberlo.

Con corridos como éste se les ve patinando llanta. Estas mujeres se saben distinguir. Regularmente se les ve "bien vestidas", con uñas postizas llenas de pedrería de cristal, algunas con brillos en todo su atuendo, para impresionar y hasta en cierto momento para humillar. Es todo un signo al que muchas no pueden llegar. La mayoría se tiñe el cabello de color amarillo, rubio quizás, moldeado con una plancha caliente desde la punta hasta la raíz, sin importar que en el proceso se quemen las orejas. Siempre quieren sobresalir; son las mujeres *nice* que te cautivan con la mirada pero que esconden una rabia infernal. Son tan bellas y artificiales como las joyas que rechaza el Monte de Piedad.

Para Yamileth representa un gran esfuerzo estar como Barbie: delgadas y bellas. Siempre porta una máscara de maquillaje que oculta su rostro natural. La ropa de marca es la que le va mejor, ésa que además de tener un alto costo es llamativa, tipo barrial. No es que yo humille al barrio, sino que es muy popular, ya que las mujeres de esta estirpe compran la imitación de lo bueno y ella posee la marca original. Las zapatillas del número 12, por ser la más bajita es su atuendo en general, sin olvidar las pulseras y los diamantes que se esparcen por su cuerpo.

Ella se dedica a los negocios grandes que además le dejan tiempo para ser empresaria en su localidad. Es escandalosa, coqueta, sensual y sobre todo muy popular. Ella sabe que se encuentra entre el bien y el mal. Comenzó por su esposo, quien se encuentra recluido en el centro de readaptación social; por ese motivo se vio obligada a trabajar, a realizar negocios que por fuerza no tendrían que salir mal.

No aspiró a seguir siendo la de antes; la pobreza es algo que ya no soportaba. De lo que se trataba era de olvidar aquella casa *pichonera,* con olor a frijoles y a *torcidos* duros, aquella casa que mostraba el interior desde el exterior, la que al dar un paso ya pisabas el comedor, la sala y hasta la habitación de la hermana, que se quedó soltera porque su marido se fue con otra. La frustración de recordar las cortinas rosas, pálidas como el color de su piel, al saber que su esposo ya no le daría más dinero. Esa sensación de incertidumbre en el estómago que experimentan todas cuando se encuentran frente a un vacío; ante un futuro incierto. "Es lo más horrible", dice Yamileth. "Yo soy bonita, guapa, inteligente. Hoy ya nada me falta, ni me faltará."

Ellas saben que quien entra ya no sale, y quien sale, desconoce la salida. Se miran en el espejo, y aunque pocas veces se observan, alcanzan apreciar un reflejo misterioso, totalmente distinto al que realmente querían ser. Es un orgullo decir que son poderosas, o al menos demostrarlo. Sin embargo, poco existe de ellas en aquella imagen virtual que revela senos postizos, uñas brillosas, ropa de marca, cabello teñido, aretes de piedras y el instinto maldito.

Ninguna es igual; se dice en los corridos que todas son exuberantes, escandalosas y parranderas; la verdad la saben pocos. Son tan únicas que quizá lo que quieren es maquillar lo que se afirma de ellas. Algunas jalan a la banda como el esposo lo hizo en un tiempo; otras se preocupan por su hogar, aunque de muy distinta manera a como lo hace la mujer tradicional. Las mujeres *sicarias*, *narcas*, vendedoras y traficantes de drogas se distinguen por su responsabilidad en los negocios.

Pocas como ellas; quizá la cifra aumente por la guerra contra el narco. Tal vez los nuevos cárteles sean encabezados por esposas, hijas, hermanas o mamás de los caídos. La probabilidad se eleva sin dejar de lado que el número de mujeres muertas crece a diario y no por parir un hijo. Tan poderosas como ellas mismas, se distinguen y se enorgullecen de ser las que ya no son.

CORRIDOS

La mafiosa, El Comander
http://www.youtube.com/watch?v=uRAVkWO3rTc&

La chacalosa, La plebe de Culiacán, Colmillo Norteño
http://www.youtube.com/watch?v=5tfuZfIDv6o&

Andan pisteando las plebes, Adán Romero
http://www.youtube.com/watch?v=Sp3UxH2gSrc&

Las leidis mafias, Los Buitres
http://www.youtube.com/watch?v=lm_A3rSeOeI&

Las plebes atrevidas
http://www.youtube.com/watch?v=mkWdJLF7Zqg&

Las plebitas chacalosas, Yasmín
http://www.youtube.com/watch?v=FMztJoqEc_g&

La plebe parrandera, Violeta
http://www.youtube.com/watch?v=8sM0TUacVl4&

Voz de mando, niñas pudientes y peligrosas, Larry Hernández
http://www.youtube.com/watch?NR=1&v=1Zm1JvY0hpE&

Viajes Panamá, Banda MS
http://www.youtube.com/watch?v=O33-FpWwe5c

Mujeres de la mafia, Ahijados de Sinaloa
http://www.youtube.com/watch?v=f6IsI2WFIHM

Las plebes pesadas, Comando Alterado
http://www.youtube.com/watch?v=gMe855o3EA8&

La plebe pesada, Kory Velarde
http://www.youtube.com/watch?v=9Wp93_z8eFY&

La patrona, Fabiola Deniss
http://www.youtube.com/watch?v=3X6a6mWZjec&

Manos con sangre, Nena Guzmán (*sicaria*); mató a quienes asesinaron a su hijo
http://www.youtube.com/watch?v=gSEZEfV3rLA&

Hembra moderna, Nena Guzmán
http://www.youtube.com/watch?v=7aFqGjjIfE4&

7

Las *narcas* en las prisiones sinaloenses*

Ernestina Lizárraga

La violencia y el peligro son intrínsecos al narcotráfico; todo es riesgo dentro de esta actividad delictuosa. La vida que lleva el narcotraficante es errante, incierta; en resumen, muy contraria a lo que suponen los tradicionalistas debe ser la vida de una mujer. Esto no ha significado un impedimento contundente para ella, pues la mujer ha logrado, sobre todo en la actualidad, adentrarse en el mundo del narcotráfico, adueñándose de espacios que se creían exclusivos de los hombres. Esta apropiación no ha sido fácil; ha requerido una especie de mímesis de lo femenino a una actividad que hace exaltación del machismo. Pero lo cierto es que las *narcas* existen. Una buena prueba de ello es la población femenil de las cárceles mexicanas, conformada mayoritariamente por mujeres acusadas de cometer delitos contra la salud.

Las *narcas* en la cárcel y sus números en México

Justo el día en que se cumplieron 100 años de haberse proclamado el Día Internacional de la Mujer, el 8 de marzo de 2010, el perió-

* Por cuestiones de seguridad y resguardo de la identidad de las protagonistas de la historia, nos reservamos de especificar en qué cárcel de Sinaloa ocurrió lo aquí contado.

dico sinaloense *El Debate* informó: "Las mujeres se vinculan más al narco".[1] La nota describía el involucramiento femenino en el tráfico de drogas como un fenómeno creciente en Sinaloa y en todo México. El Instituto Nacional de las Mujeres (Inmujeres) señaló que en los últimos tres años la cifra de féminas presas por cometer delitos contra la salud se disparó 400 por ciento. Asimismo, se mencionó que los estados en el país con mayor incidencia de *narcopresas* son Baja California, Jalisco, Distrito Federal, Guanajuato, Nuevo León, Durango y Sinaloa.[2] Alicia Elena Pérez Duarte, ex fiscal en delitos contra las mujeres, precisó en 2010 que en Sinaloa estaban registradas 6 811 personas en reclusorios, de las cuales 292 eran mujeres y, de ellas, 60% por delitos relacionados con drogas; sus edades fluctuaban entre 18 y 65 años, y el perfil que presentaban incluía factores como baja escolaridad, pobreza, pertenencia a comunidades muy alejadas, historia familiar *narca* y otros.

Otra información respecto de la participación femenina mexicana en el tráfico de drogas, relacionada con su condición de género, fue dada a conocer por el Inmujeres y por el Instituto Sinaloense de las Mujeres (ISM) en el foro "Mujer y medios de comunicación", el cual se llevó a cabo del 20 al 25 de septiembre de 2010 en la ciudad de Mazatlán. Las conclusiones a las que se llegaron fueron las siguientes: *1)* como lo afirmó María del Rocío García Gaytán, presidente del Inmujeres, las féminas son el eslabón más débil en la cadena de esta actividad delictuosa; *2)* basándose en los primeros estudios sobre el narcotráfico, se afirmaba que generalmente —y hasta hace pocos años— la mujer en México no se inmiscuía en el narco por sí misma; casi siempre lo hacía a través del vínculo con un hombre con el que existía un lazo sentimental; así, las mexicanas, en

[1] Reyna Medina, "Las mujeres se vinculan más al narco", *El Debate*, disponible en www.debate.com.mx/eldebate/articulos/articuloprimeraasp?Idart=9718553&IdCat=6087, consultado el 8 de marzo de 2010.

[2] Rafael Cárdenas, "Lanzan programa para evitar que el narco atrape a más mujeres", *El Debate*, disponible en www.debate.com.mx/eldebate/articulos/articuloGeneral.asp?Idart=10232888&IdCat=6097, consultado el 26 de septiembre de 2010.

la mayoría de los casos, se introducen al tráfico de drogas por apoyar a sus parejas, padres, hermanos, hijos o demás familiares; y *3)* la narcoespecialidad que más destaca es la introducción de drogas a los penales, una de las actividades más riesgosas, mal pagadas y severamente castigada por la legislación mexicana, pues a quien se le encuentra culpable de este delito no se le da derecho a fianza ni reducción de condena, que va de 10 a 15 años.

Como resultado del foro arrancó la campaña "El amor puede salirte caro", cuyo fin es frenar la participación femenina en el tráfico de drogas.

A los puntos que señala el Inmujeres sumamos dos más que son parte de los resultados del trabajo de campo de esta investigación. Primero, las mujeres que están en la cárcel por su relación con la droga deben su estancia a muchas razones, que pueden ser resumidas de la manera siguiente: el escalón que ocupaba en la jerarquía del narco era de los más bajos y mal remunerados, por lo tanto no tuvieron ni el dinero ni las relaciones —que generalmente establecen con un varón— necesarias para sobornar y quedar absueltas. También se da el caso de que deliberadamente la mujer encubre a un hombre con el que se encuentra ligada sentimentalmente, relación que llaman *paratacho*.

Por otro parte, la mayor parte de las mujeres que se hallan en el narcomundo se encuentran subordinadas a los hombres; en su búsqueda de aceptación, permanencia y superación dentro de esta actividad, son capaces de realizar un sinfín de "funciones" dictadas por ellos; es decir, se convierten en una especie de mil usos. De esta manera producen, "cocinan", venden, transportan o lavan los dineros de la industria de los enervantes.[3]

Los patrones de comportamiento y las conclusiones presentadas por el Inmujeres y el presente trabajo ponen en evidencia que en México las mujeres se involucran en el narcotráfico mediante vías

[3] Periódicos como *Diario Zeta*, *El Universal* y *El Mundo* han publicado artículos sobre mujeres sicarias que sirven a cárteles de la droga en México, sobre todo al de Juárez.

muy desventajosas respecto de los hombres. No obstante, tal hecho no se ha convertido en un obstáculo para que frene su participación; al contrario, como se ha analizado en este libro, se encuentra en crecimiento. En las narraciones de su paso por el mundo del narco las internas de un Centro de las Ejecuciones de las Consecuencias Jurídicas del Delito (Cecjude), en Sinaloa, cuentan cómo sobrevivieron y libraron esa relación de desventaja.

Las NARCAS de uno de los Cecjude de Sinaloa: una interpretación de género de las mujeres involucradas en el mundo del narcotráfico

Las historias de las internas del Cecjude por cometer delitos contra la salud permiten visualizar y analizar la participación de la mujer en el narco en general, así como también establecer situaciones que son propias de Sinaloa.

La Iglesia católica, la religión preponderante en México, es una importante fuente de opinión que ha identificado al narcotráfico como uno de los más graves delitos en los que puede incurrir una persona porque implica corrupción de conciencia, violencia y muerte. En suma, su actitud es de total rechazo a esta actividad. Como ejemplo, está lo dicho por el cardenal Norberto Rivera en el semanario *Desde la Fe* sobre las ayudas que da el narco a la Iglesia:

> Para vergüenza de algunas comunidades católicas, hay sospechas de que benefactores coludidos con el narcotráfico han ayudado con dinero, del más sucio y sanguinario negocio, en la construcción de algunas capillas, lo cual resulta inmoral y doblemente condenable, y nada justifica que se pueda aceptar esta situación.[4]

[4] "Iglesia mexicana admite que narcotráfico corrompió comunidades religiosas", *Noticias Terra*, disponible en www.noticias.terra.com/noticias/iglesia_mexicana_admite_que_narcotrafico_corrompio_comunidades_religio/act2574833, consultado el 7 de noviembre de 2010.

Lo anterior no es quizás la opinión de la Iglesia misma, pero sí de quien se encarga de dirigirla en México. La misma suerte corren las personas involucradas en el tráfico de drogas, a quienes esta institución eclesiástica llama una y otra vez a arrepentirse, a volver al camino del bien. Menciona al narcotraficante, pero es casi nula su opinión sobre *las* narcotraficantes. Las pocas declaraciones que existen al respecto hablan de las mujeres como víctimas del narcotráfico, mas no como participantes activas. Esto puede deberse, entre otras cosas, a que la doctrina católica está altamente influida por los estereotipos que tradicionalmente se han tenido del hombre y la mujer, según los cuales esta última debe guardar un comportamiento virtuoso y recatado, cualidades que no son incompatibles con los exigidos por la criminalidad. Parece entonces que la Iglesia puede concebir que existan *narcomadres, narcoesposas, narcohijas, narcohermanas* y demás mujeres ligadas de forma tradicional y pasiva al narcotráfico, pero se le dificulta imaginar a la mujer como una narcotraficante en sí; lo paradójico es que la mayoría de las internas de uno de los Cecjude de Sinaloa acusadas de cometer delitos contra la salud son católicas. De las 16 entrevistadas solamente Yolanda manifestó no serlo; ella contó que su vida espiritual ha transcurrido entre los intentos de su padre por hacerla católica y los de su madre por convertirla en testigo de Jehová; cuando se le inquirió a qué religión pertenecía, aceptó que a la que profesan estos últimos; luego se le preguntó si no fue expulsada de esa doctrina por dedicarse al narcotráfico y por haber caído en la cárcel, a lo que contestó que no, porque nunca ha pertenecido formalmente a dicha religión, pues no se atrevió a hacer los estudios que se piden para ingresar, precisamente porque se dedicaba al narcotráfico y sabía que nunca sería aceptada.

Débora Bomboster, otra de las presas entrevistadas que se considera católica, asegura que la Iglesia no la ve mal, pues "si le llevas una buena limosna al sacerdote, te adora".[5] En lo que respecta a

---

[5] Entrevista a Débora Bomboster, 4 de octubre de 2009.

otras religiones, parece que tanto hombres como mujeres narcos se adhieran a ellas como una forma de mostrar su arrepentimiento cuando ya se han retirado del negocio de las drogas.

La Iglesia católica cree que para erradicar el problema del narco es necesaria la participación de otras instituciones como el Estado y la familia.[6] Esta última juega un papel protagónico en la dinámica de la mujer y el narco. Más aun en Sinaloa, donde esta actividad cuenta con una larga historia. La diputada Yudit del Rincón Castro, presidente de la Comisión de Género y Familia del Congreso de Sinaloa entre 2007 y 2010, opina al respecto:

> Jóvenes sinaloenses, por ser familiares directas de algún capo encarcelado, se han ido enrolando. Las noticias hablan de ellas a diario; hay mujeres extorsionando, secuestrando, transportando droga. Se han convertido en jefas liderando alguna organización, como Sandra Beltrán Ávila o Enedina Arrellano.[7]

Para muchas mujeres involucradas en el tráfico de drogas, la familia es su primer acercamiento a dicha actividad. Como ejemplo, entre las entrevistadas para esta investigación está Elena, quien pertenece a una familia con más de dos generaciones *narcas*. Lorena Arce, al relacionarse sentimentalmente con un *pesado*, introdujo a sus hijas ya adolecentes en el negocio. Cornelia creció acostumbrada a que su papá se tenía que ausentar para trabajar. Pero la familia *narca* puede desempeñar más funciones que la de socialización primaria. La familia, aun sin tener un historial narco, puede servir de impulso y justificación del oficio; es decir, la mujer puede argumentar que, a pesar de estar involucrada en una actividad criminal, el deseo de sacar adelante a sus familiares le da el impulso y las coartadas perfectas para cuidar su honor y reafirmar parte de su identidad feme-

---

[6] Semanario católico *Desde la Fe*.

[7] Sara Lovera, "Narcotráfico: mujeres y prisión en México", en *Actualidades México*, disponible en www.actualidadesmexico.com.mx/2010/11/ narcotrafico-mujeres-y-prision-en-mexico/, consultado el 23 de noviembre de 2010.

nina. Así, todas las entrevistadas, al preguntárseles por qué entraron al narcotráfico, aun sabiendo que es ilegal y riesgoso, respondieron que "por sus hijos, para darles un futuro mejor, para que no les faltara nada". Sólo Alejandra Guzmán confesó desde el principio que lo hizo porque el narco le gustaba. Débora Bomboster respondió que tomó esa decisión porque es ambiciosa y quería sacar adelante a sus cuatro retoños; cuando se le preguntó la edad de éstos, respondió que el más pequeño tenía 24 años.

Ciertamente la familia y la lealtad a ésta puede ser el principal motivo para dedicarse al narcotráfico, puesto que de esta manera se puede justificar mejor ante la sociedad el involucramiento en una actividad catalogada social y jurídicamente como mala, pero que deja mucho dinero. Tal postura parece ser un juego en el que los familiares y sus eventuales reclamos pueden acallarse con los dineros del narco. Una especie de compra del perdón que la *narca* tiene que realizar.

Pero la familia, al igual que es capaz impulsar a una mujer a involucrarse en el narcotráfico, también la puede frenar. Cuando a las entrevistadas se les preguntó si alguien les aconsejó que se salieran del narco, todas, sin excepción, mencionaron a algún familiar, ya sea los padres, los hermanos o los hijos. El freno más recurrente es la madre, pues la mayoría de las internas la mencionaron. Débora Bomboster contó que justamente una semana antes de su detención, su progenitora fue hasta su casa a pedirle que se retirara del narcotráfico, pues si llegaban a arrestarla no iría a visitarla a la cárcel, porque ella tenía una edad muy avanzada y le resultaba vergonzoso tener una hija presa; la señora cumplió su promesa.

Los hijos también constituyen un freno importante, sobre todo cuando son adultos y no dependen ya económicamente de sus madres. Es el caso de Flor Silvestre, quien se involucró en el narcotráfico para sacar adelante a sus hijos, uno de los cuales le pidió que dejara esa actividad.

Finalmente, la *narca*, en su condición de mujer, tiene que combinar las exigencias de su género con las de una ocupación que entra en conflicto con muchas de las demandas de una familia, como cuidar a de los hijos, dirigirlos por buen camino, mantener el control de una casa, atender a sus padres, etcétera.

No es secreto que el gobierno mexicano enfrenta una profunda crisis estructural que lo ha hecho débil e incapaz ante el poder del narcotráfico. El presidente Felipe Calderón Hinojosa ha lanzado una guerra contra el narco que de ante mano se sabe perdida. Con este panorama, el Estado ve con inquietud el incremento de las mujeres inmiscuidas en el narco, pero su preocupación responde más bien a que el narcotráfico se ha expandido tanto que incluso recluta mujeres. Para las *narcas* entrevistadas, gobierno y delincuencia organizada son lo mismo. Sin embargo, todas dijeron que en el momento de su detención los cuerpos policiacos se portaron bien con ellas; no hubo violencia ni malos tratos para nadie. Elena platica que la trataron tan bien, que hasta le dieron de comer. Con todo, es necesario que la legislación mexicana sea reformada para agilizar los procesos jurídicos a los que son sometidos tanto hombres como mujeres dedicados al narcotráfico.

Los medios de comunicación constituyen otra importante institución social a la que se enfrentan las *narcas*. La relación prensa-narco no siempre se ha dado de manera sencilla y amable, y ambos se han perjudicado. Existe un gran número de reporteros en México y en el mundo que han muerto por atreverse a hablar del problema.[8] Pero también la prensa ha tratado con morbo y amarillismo el asunto.

Pero si el asunto del narco es en sí mismo morboso y llamativo, lo son más sus mujeres. Como ejemplo puede tomarse la detención de la *Reina del Pacífico*; fue todo un suceso mediático a pesar de que la única entrevista que dio, poco tiempo después de ser detenida, fue al periodista Julio Scherer García. Sin embargo, muchos diarios serios como *El Universal* se adjudicaban haber conseguido una entrevista exclusiva con esta mujer. Se publicaron muchas mentiras que el público creyó.

---

[8] Como ejemplo tómese Ciudad Juárez, Chihuahua, México.

El caso de *Miss Narco* fue todavía más escandaloso; diarios como *Le Monde* de París y *El Clarín* de Argentina hablaban con saña de la joven. Los medios la atacaron sin piedad, la exhibieron como si ella hubiese sido la responsable de todo, restándole importancia al verdadero narco, su pareja. Así, la prensa, cuando se refiere a estas mujeres, lo hace como si deseara castigarlas por involucrarse en cuestiones que, se supone, sólo corresponden a los hombres.

Las *narcas* del Cecjude no han estado exentas de esta situación. Muchas comentaron que más bochornoso que su detención fue que los reporteros llegaron y trataron a toda costa de tener una imagen de sus caras. También afirman que algunas de ellas han confiado sus historias a los medios y éstos las han traicionado con reportajes en los que quedan expuestas sus identidades y, lo que es peor, la mayoría miente en lo que dicen de ellas. Como ejemplo, una de las entrevistadas afirmó que lo que más pena le dio en todo su proceso de detención y encarcelamiento fue que se enteró de que en uno de los periódicos de circulación local en Mazatlán decía: "La levantan por mañosa".

La mujer en el narcotráfico es y será un tema muy atractivo para los medios de comunicación, porque son vistas como una patología; por lo tanto es fácil que se le trate con morbo, y si algo vende noticias es el morbo.

Todas las entrevistadas, sin excepción ingresaron al narcotráfico a través de una relación sentimental con un varón, ya sea su padre o su pareja. Así, todas pasaron de un papel tradicional pasivo de hijas y mujeres de un narco, a uno activo. A continuación se presentan algunos testimonios de mujeres acerca de su primera aproximación al mundo del tráfico de las drogas.

El primer caso es el de Alejandra Guzmán, quien afirmó: "Sí, de hecho entré al negocio por mi novio que falleció, porque él era 'cocinero'. Y yo le ayudaba, pero no me impacté, yo no, nada de nuevo, sorpresa nada".[9] Su declaración es interesante porque afirma no ha-

---

[9] Entrevista a Alejandra Guzmán, 6 de enero de 2010.

berse sentido sorprendida a pesar de ser mujer y estadounidense de nacimiento y crianza, ya que en Estados Unidos ser narcotraficante es mucho peor que ser adicto.

Débora Bomboster afirmó que su primer acercamiento al narco fue a través de su esposo; cuenta:

[Una noche, cuando dormía] él estaba tomando con un amigo en la cocina, y yo tenía a las niñas chiquitas; bajé a prepararles un biberón y vi que le entregaban un paquete con cocaína. Yo me asusté mucho y me quedé callada, pero en cuanto se fue el otro tipo, hablé con él y le pregunté qué era eso. "No es nada", cotestó; me lo negó todo. Y yo le dije: "No quiero que vayas a meterte en cosas malas, por favor, porque no hay necesidad de eso"; para esto ya habíamos dejado la tienda, ya la habíamos vendido, y él tenía un trabajo en Culiacán de agente de alcoholes. Iba y venía de Culiacán, y pues estaba ganando buen dinero; ya habíamos comprado una casita. Y yo, cuando me di cuenta, me asusté mucho, me enojé mucho, hablé con él, pero pues era su primer acercamiento; creo que lo paré en esa ocasión. Después se vino de Culiacán, dejó el trabajo de agente de alcoholes y se metió a la agencia de la policía municipal de Mazatlán. Era subsecretario de la policía municipal, jefe de vehículos robados, o algo así, no sé, no me acuerdo ni qué puesto tenía, y ahí fue donde se involucró en el narco totalmente.[10]

A Bomboster le tocó vivir la época dorada del narco en Sinaloa, por lo tanto su historia puede ser muy similar a la de otras muchas *narcoesposas* sinaloenses. Cuando ella tuvo conciencia del narco, la región sinaloense era el lugar de sus operaciones, no de su consumo; los habitantes del lugar sólo veían la parte del beneficio económico y no los efectos negativos como ocurre en la actualidad.

La historia de Elena es la de una mujer que se vinculó con el narco por conexión masculina familiar, "desde que estaba muy chi-

---

[10] Entrevista a Débora Bomboster, 4 de octubre de 2009.

quilla, porque mi papá siempre trabajó en esto".[11] Su situación es
la misma que la de muchas otras mujeres en la serranía sinaloense.
La forma en que Cornelia narró su primer encuentro con el narcotráfico es muy interesante porque comenzó desde su infancia:

> Tuve conciencia cuando yo, como ya te dije, cuando yo... porque
> siempre fui muy metichita [*sic*], muy de andar fijándome en todo. Fue
> cuando yo me di cuenta de que mi papá llevaba portafolios; los lleva-
> ba, los abría. Miraba yo que era mucho dinero; ésa fue una de las veces
> en que yo me fui dando cuenta de que él se dedicaba a eso, por el tipo
> de conversaciones que tenía con algunas personas.

Como niña, Cornelia veía con interés lo que hacía su papá, pero
esa curiosidad se convirtió en atracción y escuela.

Las respuestas proporcionadas por las entrevistadas demuestran
que las mujeres saben de la droga por primera vez debido a un posible lazo afectivo con un varón. Sólo una de ellas dio una respuesta
diferente sobre su primer acercamiento al narco. Se trata de Flor
Silvestre, cuyo vínculo inicial con actividades ilícitas de tráfico de
drogas obedeció a la necesidad de sacar adelante a sus hijos.

En el Cecjude también existen *narcas* pobres. Su estrechez económica se debe, entre otras cosas, a que están en la cárcel y no
pueden trabajar, y a que cuando trabajaron para el narco no ocu-
paron un buen puesto en la jerarquía de tal actividad. El capo o la
jefa pueden poseer una enorme fortuna, pero también existen los
papeles peor pagados, como los de agricultores, los de *puchadores*
en etapa inicial y los de introductores de droga a los penales, faenas
que por lo general son desempeñadas por mujeres. Un buen ejemplo lo ilustra nuevamente Bomboster, quien se convirtió en narcomenudista al morir su esposo, un narco bien conectado.

—Tú dices que la venta de droga te dejó bastante dinero, pero
¿más o igual al que le dejaba a tu marido? —le pregunté.

[11] Entrevista a Elena, 10 de enero de 2010.

—¡Nooo, no, no, no... me dejaba [algo semejante] porque yo estaba acostumbrada a otro ritmo de vida. Te estoy diciendo que con lo que me daba mi pensión yo vivía muy limitadamente; entonces con eso, por decirte, ganaba 10 000 a la semana; era bastante.[12]

Alejandra Guzmán,[13] entretanto, transportaba droga a Estados Unidos, su país de origen; ella no reveló cuánto le pagaban por hacer este tipo de trabajo, pero según datos proporcionados por la esposa de otro narcomenudista que posee varias tienditas en Mazatlán, el precio de la libra de cristal puesta al norte de la frontera era de 6 000 dólares (un kilogramo equivale a 2.20 libras).

—¿Qué estabas haciendo cuando te detuvieron?

—Yo venía manejando, ya iba a mi casa —lo dijo sin ninguna preocupación, como relatando cualquier actividad cotidiana.

—¿Y traías droga contigo?

—Pues se puede decir que sí, ¡ja, ja, ja!, ¡sí!

—¿Era para consumo o para venta?

—Era de venta.

—¿Era mucha?

—Cuatro kilos —habla con mucha serenidad.

—¿De qué?

—De metanfetamina; cristal, pues.

Si se hacen cuentas con los datos proporcionados por Alejandra Guzmán y los precios aproximados de la droga, Débora hubiese ganado alrededor de 50 000 dólares por ese viaje.

Elena[14] proporciona una aproximación de los costos de la droga en la sierra; no es la ganancia neta que ella recibía pero sí da una idea de por qué para los habitantes de la sierra resulta más atractivo sembrar la hierba mala.

—Por ejemplo, cuando tú trabajabas ¿vendías por kilo la mariguana?

[12] Entrevista a Débora Bomboster, 4 de octubre de 2009.
[13] Entrevista a Alejandra Guzmán, 6 de enero de 2010.
[14] Entrevista a Elena, 10 de enero de 2010.

—Sí, por kilo.

—¿Cuánto costaba?

—Pues estaba barata; estaba como a 500 pesos el kilo.

—Y la goma de opio, ésa sí sé que es carita, ¿no?

—Pues está como a 20 000 pesos.

—¡¿El kilo?!

—Sí.

Las respuestas de las mujeres respecto a si el narcotráfico deja ganancias, dan a entender que, a pesar de estar en el escalafón más bajo de los salarios del narco, éstos son mejores que los que se otorgan en los negocios o los empleos legales. Tal vez por esta razón las mujeres se desprenden fácilmente de los prejuicios en torno a la actividad y sus graves consecuencias. Pero lo que se gana rápidamente corre el riesgo de gastarse con la misma celeridad.

Uno de los hallazgos más interesantes de esta investigación es la confirmación de que las mujeres, por la lógica imperante de género, resultan menos sospechosas que los hombres al participar en el narco, actividad que se identifica más con la condición masculina. De esta manera, por su condición de camuflaje, tener a una mujer a un lado puede evitar peligros y castigos a los hombres. En los siguientes párrafos se citan fragmentos de algunas entrevistas que comprueban esta aseveración.

Bombster vivió con su esposo situaciones como las descritas.

—Y tú, mientras él estuvo involucrado en el narcotráfico, ¿trabajaste junto a él?

—No, nunca; sí lo acompañé en dos o tres ocasiones, pero yo estaba aparte.

—¿Sabías a lo que iban en eso viajes?

—Sí.

—¿Y no te dio miedo?

—No.

—¿Iban protegidos por alguien?

—Sí... por los altos mandos —lo dice orgullosamente—. Desde la Presidencia de la República.

—¿Entonces tú no hacías nada, simplemente ibas de acompañante?

—Sí, simplemente.

—¿Como cualquier esposa de un trailero?

—Así es, pero yo no iba en el tráiler.

—¿No? ¿Dónde ibas?

—Nosotros éramos escolta, porque si tú mandas un tráiler con un cargamento, tienes que mandar un vehículo por delante, que vaya viendo si hay peligro o no. Y otro por detrás, porque también tienes que cuidar al chofer para que no te vaya a robar la mercancía.

—¿Tu marido nunca llevó a tu casa drogas que los pudiera involucrar?

—No, jamás hubo drogas en mi casa; mi esposo fue un hombre muy respetuoso de su hogar y de sus hijos, y de su esposa, de mí… jamás nos expuso. Excepto esas ocasiones en que yo quise acompañarlo, porque el señor con el que trabajaba hablaba conmigo y me decía: "¿Sabes qué?, quiero que vayas tú con él, porque necesito que sea así, como una familia… y esto, y esto otro". El señor me habló a mí y yo acepté, pero mi esposo me decía: "No, no vayas. No, sí voy a ir", o sea, pero él jamás llevó drogas a mi casa ni yo, nada, ni mis hijos.[15]

Sin saberlo, Bomboster cumplía con su rol de mujer tradicional, pues al acompañar a su hombre cuidaba de él.

El encubrimiento al padre también es común entre las mujeres presas por cometer delitos contra la salud. Un ejemplo de lo anterior es el caso de Cornelia:

—Dime algo… ¿tú te echaste la culpa porque pensaste que ibas a ser menos castigada o menos mal vista?

—Pensé que no me iban a castigar, que ni siquiera iba a pisar ni una estancia de éstas.

—¿Por ser mujer o porque no tienes un historial sucio?

---

[15] Entrevista a Débora Bomboster, 4 de octubre de 2009.

—Porque no tengo ningún historial sucio, porque nunca me había dedicado a nada de eso. Hasta el día de hoy no he tenido la necesidad, ¿verdad?, porque uno no sabe el día de mañana, eso Dios es el único testigo y mi familia, de que las cosas son, de que no fueron como se manejaron; entonces sí había un culpable. Claro que sí lo había porque tampoco voy a decir no, o que me la sembraron, porque sí había esa persona era mi padre; que para mí es un amor tan grande el que le tengo, que yo he dicho que primero está mi Dios, y después están ellos, que por ellos estoy en este mundo. Entonces, como te digo, fue algo que yo no pensé; yo te puedo asegurar que yo pensé que a mí no me iban hacer nada que a mí me investiguen, yo dependo de mi esposo, pues una persona catedrática con el récord que él tiene, y todo pues, o sea, ¿cómo me van a hacer algo?

—¿Y también tu récord estaba limpio?

—Pues sí, como te digo, a la vez desgraciadamente y a la vez bendito Dios que llegué a este lugar, porque aprendí algo; como te digo, tiene sus altas y sus bajas.

Aunque se habla de que el narcotráfico es un mundo machista, las declaraciones de Débora Bomboster dejan claro que es un espacio donde se sabe muy bien cómo utilizar a los hombres y a las mujeres con el fin de cumplir sus metas; así la presencia femenina es usada como un maquillaje que disimula y protege las operaciones. Por otro lado, Cornelia expone que ser mujer puede ayudar a librarse de las posibles represalias que conlleva este negocio. Equivocadamente se llega a creer de que, por el simple hecho de ser mujer, se tiene un escudo que impide la participación activa de ellas en el narco. También el hecho de que la mujer sea menos sospechosa para concebirse como *narca* sirve de aliciente para convertirse en una. Pues tal vez se piensa que, por pertenecer al sexo femenino, pasarán como invisibles.

Las mujeres son multifacéticas, por lo que suelen ejercer al mismo tiempo sus roles de madres, esposas y *narcas*. Aquí se muestran ejemplos de esta situación con fragmentos de algunas entrevistas.

Esmeralda[16] narra cómo separó a la *narca* de la madre. Se dedicó a ambas actividades sin mezclarlas:

—¿Usted iba sola por la droga o la acompañaba alguien?

—No, cuando me iba yo lo hacía con otra amiga; ya cuando llegaba ella, me esperaba a que mis hijas se fueran a la escuela y a estar sola en la casa para arreglar eso; nunca hice eso enfrente de ellas. Mis hijas sí sabían, pero nunca me gustó que ellas vieran lo que yo estaba haciendo.

Esa insistencia de Esmeralda al mencionar que nunca realizaba su trabajo enfrente de sus hijas, parece hacer hincapié en que, a pesar de haberse dedicado al narcotráfico, no descuidó su papel como madre, un rol que su condición de género le exigía cumplir.

Para Lorena Arce[17] la separación física entre el espacio de trabajo y el del hogar fue suficiente para cumplir con sus roles de *narca* y de madre. Lo narró de la siguiente manera:

—El trabajo que tú tenías era muy difícil porque llegaban los clientes en la noche... Bueno, también de día...

—Sí, pero más de noche.

—¿Cómo le hacías para atender a tus hijas?, ¿asistías a sus juntas?

—A sus juntas sí, porque yo de noche tenía a una persona que me ayudaba.

—¿Y es difícil ser madre trabajando en el narcotráfico?

—Mientras no mezcles una cosa con otra no hay problema.

—¿Qué hacías para no mezclar una cosa con la otra?

—Pues tenía dónde vender aparte; donde vendía era arriba y ellas vivían abajo; ellas no sabían, y no se mezclaban con las personas que iban. Incluso llegué a hacer amigos entre los mismos consumidores.

—¿Eran mundos aparte?

—Sí, mundos aparte.

---

[16] Entrevista a Esmeralda, 22 de enero de 2010.
[17] Entrevista a Lorena Arce, 6 de enero de 2010.

Con la contratación de una persona para cubrirla en las noches, Lorena cumplió con los horarios de sus hijas. Como ya se mencionó anteriormente, la familia suele ser un freno que impide a la mujer dedicarse de tiempo completo al tráfico de drogas.

La estrategia de realizar el trabajo a escondidas de los hijos es algo muy recurrente entre las *narcas* urbanas. Marlene Fabela[18] también afirmó haberla llevado a cabo con esa estrategia:

—Me dices que tú tienes siete hijos, ¿cómo le hacías para trabajar en el narco y no descuidarlos?

—Pues yo, por ejemplo, cuando me iba de viaje a llevar droga, aunque eso lo hice poco, dejaba a mi mamá cuidándolos y le decía: "Amá, se los dejo con todo y nalgas [*sic*]". Ya cuando me puse a vender trataba de empaquetar la coca en mi cuarto; tenía un ayudante y a veces me echaba la mano el padre de mi hijo más chico. Cuando mis hijos llegaban de la escuela les decía que si venían clientes no salieran ellos a recibirlos, que yo iría; y de noche se tenían que dormir temprano porque era cuando me caía más trabajo. Al ir creciendo se fueron dando cuenta, pero yo les decía: "Ustedes no se metan en esto".

Los casos anteriores demuestran que las *narcas* no se desprenden de todas las obligaciones que implica ser mujer. Estos ejemplos explican también cómo las mujeres reafirman una identidad de género cuando buscan persuadir a sus hijos de no involucrarse en la actividad, situación que, al parecer, va cambiando conforme aquellos crecen y se vuelven adultos.

Al preguntársele a Elena[19] acerca de los colores y los tipos de amapola que existen, su hija, la más pequeña, estaba presente durante la entrevista. Y al inquirirle sobre los tamaños y los colores de la amapola, la niña se le adelantó y dijo: "No, toda es blanca". Elena rápidamente hizo un gesto en señal de regaño, el cual se sua-

---

18 Entrevista a Marlene Fabela, 4 de enero de 2010.
19 Entrevista a Elena, 10 de enero de 2010.

vizó con el bochorno que pasó su hija al pensar que había cometido una imprudencia. Los esfuerzos de Elena por evitar que sus hijas se enteraran de su actividad no habían sido muy eficaces porque, al menos, identifican perfectamente el color de la mariguana.

La subordinación que vive la mayoría de las mujeres en el narcotráfico las obliga a desempeñar un sinfín de actividades para probar que pueden ser parte del medio y obtener aceptación (entre otras, servir de protección para disminuir las posibilidades de arresto y, más recientemente, ser parte de los escuadrones de sicarios). Lorena Arce,[20] por ejemplo, empezó como ayudante de paquetería de su marido.

—¿Tu segunda pareja es quien te involucró en el mundo del narcotráfico ya como trabajadora?

—No, pues como pareja, él era narco —lo dice en un tono que parece presunción—; ya nos acoplamos como pareja, y pues ya lo demás se fue dando

—¿Tú le ayudabas a él?

—Sí.

—¿Qué vendían?

—Coca.

—¿Ustedes la *cocinaban*?

—No, la coca llegaba; él trabajaba para unas personas en Culiacán; yo allá viví; yo guardaba los kilitos de coca y todo eso.

—¿Ustedes la embolsaban?

—Sí, en costalitos de 25 kilos.

—Entonces no vendías como *puchadora*, sino en grande, porque 25 kilos es mucho.

—Pues no, porque no vendíamos aquí, íbamos y dejábamos la coca para que se los llevaran a Estados Unidos.

—¿Dónde la dejaban?

—En Guamúchil, y ya de ahí la recogía un trailero. Y de ahí se iba hasta Mexicali y esa droga pasaba por Calexico.

---

[20] Entrevista a Lorena Arce, 6 de enero de 2010.

—¿Cómo era la llegada de la droga hacía ustedes, cómo la recogían?

—Pues la recogíamos en una pista aquí, en Dimas.

—¿En avión?

—En avión.

—¿De dónde venía?

—De Colombia.

—¿Y ya ustedes se encargaban de embolsarla y llevarla?

—Sí, ya llegaba y nosotros lo hacíamos.

—¿En qué se llevaban la droga?

—En camioneta; una prospecta [*sic*] del año.

Hasta este momento de la entrevista, Lorena Arce[21] era transportista, empaquetadora de droga y mujer de un narco. Pero tiempo después, al caer preso su marido, tuvo que cambiar su giro.

—¿Alguna vez estuviste trabajando tú sola en el narco?

—Sí.

—¿Ya después de que él estaba en la cárcel?

—Sí... Cuando él fue a la cárcel me puse a trabajar y vine a caer aquí.

¿Cuándo tú trabajaste sola era lo mismo, llevar y traer, o vendías a consumidores?

—Sí, a consumidores.

—¿Cuánto es lo que más llegaste a vender a una persona, la dosis más fuerte?

—Pues como 4000 pesos en una noche.

—¿Qué es lo que más te gustaba vender, cocaína, mariguana u otras cosas?

—Pues si se podía, también mariguana; a veces llegaban y me ofrecían un kilito de mota y, ¡bueno!, ahí lo agarraba.

—Tú la embolsabas, ¿verdad?, y tú hacías cortes.

—No; en ese entonces, cuando vendía la coca, ya te la daban lista, alguna te la vendían pura y la otra te la vendían ya cortada. No tenía que *cocinarla*, nomás bolsearla.

---

[21] Entrevista a Lorena Arce, 6 de enero de 2010.

—¿Te ayudabas de alguna báscula o de algún equipo especial para eso?

—Una báscula digital.

—Dices que salías y tenías una ayudante, ¿entonces cuál era tu trabajo en sí?, ¿recoger el dinero o también embolsar la droga?

—Embolsaba y recibía el dinerito, o la persona que me ayudaba también me ayudaba a embolsar y a vender; ya yo le dejaba cierta cantidad: "Mira, te voy a dejar tanto en bruto y tanto en bolsa; si viene fulano y sutano…". Yo tenía clientes especiales de teléfonos y eso. Ya le decía: "De aquí le vas a dar esto, te compra tanto, esto le das".

Ahora Lorena era una *dealer*, sus actividades estaban en el narcomenudeo. El cambio se suscitó por su separación de su pareja. A la vez esto fue un retroceso en la economía *narca*, puesto que las labores que realizaba al lado de su marido eran mucho mejor remuneradas que la venta al menudeo.

Elena,[22] al nacer y criarse en una sociedad prácticamente dedicada al narcotráfico, desempeñó gran cantidad de narcoactividades:

—¿Qué era lo que más hacías dentro del narcotráfico?, ¿cultivabas, transportabas, empaquetabas, vendías…?

—De todo un poquito.

A lo largo de su trayectoria *narca*, a Elena le ha tocado sembrar, cosechar, empaquetar y transportar la droga. No tenía un narco-empleo fijo.

La pérdida del vínculo con el varón puede implicar un retroceso para la mujer en el escalafón narco, pues al perder al hombre se puede perder protección, contactos importantes y prestigio dentro de la mafia. Esta situación la vivió Débora Bomboster, quien al perder a su marido —un narco con rango— se desconectó del narco-mundo, para volver tiempo después en una posición muy inferior a

---

[22] Entrevista a Elena, 10 de enero de 2010.

la que ocupaba su esposo. A continuación se muestra el fragmento de la entrevista en la que narra su transición en el narco:

—Cuando entras al narcotráfico ¿lo haces acompañada de tu marido?

—No.

—¿Qué había pasado?, ¿dónde estaba él?, ¿por qué te permitió entrar?

—No, él no me permitió entrar; simplemente él ya estaba muerto. Ya lo habían matado; él y yo nos separamos cuando cumplimos 25 años de casados. Él conoció a una mujer mucho más joven, de 23 años, y yo no soporté eso y nos separamos. O sea, él se hizo drogadicto; yo ya no soportaba su carácter, y estoy por decirte que casi casi le di gracias a Dios porque apareció esa mujer y lo quitó de mi camino, porque fue la única manera en que descansé; porque era muy difícil, horrible, terrible, vivir con un drogadicto.

—Entonces a él lo matan… bueno, se separan… lo matan, te deja lo poco que le quedó, ¿tú entras al negocio rápidamente o tiempo después?

—Entro como dos años después de que él ha muerto.

—¿Cómo es esa entrada? O sea, ¿él te dejó el camino abierto?, ¿recurriste a sus viejos jefes?, ¿quién te metió?

—No, para nada; yo entré al narcomenudeo —lo dice haciendo resaltar la actividad y con un gesto pícaro.

—El narcomenudeo es el más peligroso, ¿sabías?

—Sí, es el más peligroso y el que más te expone, y más como entré yo. Entré casi casi como un juego, fíjate; porque cuando tú entras a un negocio, yo pienso ahora, ¿verdad?, con mi experiencia, pienso que debes asesorarte; por ejemplo, debí haber ido con un licenciado y decirle: "Oiga, licenciado, si a mí me llegan a agarrar, ¿qué pasa?, ¿a cuántos años estaría expuesta a estar en la cárcel?, o ¿cuál sería mi defensa?, o ¿qué podría hacer yo?, o ¿qué podría decir?", etc. No, yo no sabía ni lo que me podría pasar, o sea, nada; yo gané bastante dinero; o sea, vendía mucho, mucho, mucho, mucho, y tenía pura clientela seleccionada: estudiantes del Tecnológico, doctores, licenciados, maestros, puros muchachos del Tec, puros de dinero.

—¿Puedes decirnos específicamente qué vendías?

—Yo vendía mucha cocaína; bastante.

—¿Te la traían ya en sobres?

—No, yo la pesaba, la sobreaba y la preparaba.

—Pero no terminaste de contar cómo entraste.

—Por la amiga de una hija mía.

—¿Ella te llevó a vender o cómo fue?

—Ella llegó; su ex esposo es uno de los *dealers* más reconocidos que hay aquí en Mazatlán; se separó de él. Y ella dijo, pues, "yo voy a hacer lo mismo que él"; entonces no tenía auto en qué moverse, y me dijo: "¿Qué te parece si me das *raite* y yo te doy dinero?"; dije: "Bueno (ésa fue la primera vez), y pensé: "Ay, si ella está vendiendo por qué yo no, si ella es la que está ganando, mejor gano yo, me estoy exponiendo igual".

—¿Tú te contactaste con el marido de ella para vender droga?

—No, con otra persona.

—¿No te dio miedo la primera vez que fuiste?

—No, nunca —su cara mostró orgullo.

—Entonces dices que a ti te daban el producto, y tú lo sobreabas y lo *cocinabas*.

—Yo —asiente con ese mismo gesto de orgullo.

Aunque el relato de Débora Bomboster es largo y parece descontextualizarse de la idea de que las mujeres juegan múltiples roles en la economía de la droga, no es así, porque en su testimonio describe muy bien todas las actividades que implica ser *puchadora*, además de que también desempeñaba labores de *cocinera*, empaquetadora y distribuidora y realizó trabajos de logística al conseguir contactos que le surtieran droga. Decir que sólo fue narcomenudista sería simplificar mucho su actividad.

Según las autoridades y la población de internas, la introducción de drogas al penal se considera la más baja de las actividades relacionadas con el narcotráfico. Lo es por las siguientes razones: en primer lugar, es muy mal pagada y las ganancias obtenidas son pocas comparadas con las que deja otras narcoactividades. En segundo lugar, esa es una actividad extremadamente riesgosa, pues el peligro de ser sorprendido es muy alto y las penas impuestas también. Lo mínimo que puede pasarle a una persona que introduce drogas al penal son 10 años de reclusión, en el mejor de los casos. En tercer lugar, esa tarea implica actividades de narcotráfico a pequeña escala, pues las cantidades que se pueden traficar dependen de cuánta droga se pueda esconder en la ropa interior o dentro del cuerpo, llegando a usar como contenedores partes íntimas como la vagina. La cuarta y más importante razón es que es un delito cometido típicamente por mujeres; por ende, se le considera inferior y débil, puesto que muchas veces ellas acceden a realizar esa actividad por fidelidad y por amor a su pareja o familiar varón.

Los casos de Esmeralda, Patricia y Sandy, entrevistadas en uno de los Cecjude de Sinaloa, se inscriben en esta modalidad. La primera tiene 54 años de edad y se le encontró culpable de introducir medio cuarto de kilo de mariguana al penal; la sentencia que recibió fue de 10 años, de los cuales lleva ocho. A pesar de ser presidente de uno de los módulos y de haber mostrado una excelente conducta a lo largo de su periodo de reclusión, no ha recibido derechos para reducir su condena, dado el tipo de delito. Durante cuatro años estuvo proveyendo droga a su marido en el penal, que metía en la plantilla de unos zapatos de plataforma especiales que le mandaron de Ensenada; lo máximo que le llegaron a pagar fueron 4 000 pesos. Alguien "le puso dedo" y fue así como la descubrieron.

Patricia, por su parte, ha recibido una condena de 10 años y tres meses por la introducción al penal de 40 pastillas sicotrópicas que llevaba en la lata de leche de su hijo y que le llevaba a su pareja. Está ahí desde 2004; cuando ingresó al penal tenía pocos meses de haber cumplido su mayoría de edad.

Finalmente, Sandy tiene 36 años y cumple una condena de 10 años y cuatro meses de reclusión. Su historia es tragicómica: llevaba alrededor de un cuarto de mariguana en el interior de una sandía para su pareja; logró pasar todas las revisiones de los guardias sin ningún problema, pero en un descuido la sandía rodó, cayó y se rompió en pedazos, dejando al descubierto la carga de hierba mala. Inmediatamente fue sorprendida y aprehendida.

A pesar de estar privadas de su libertad y de no gozar de una buena posición económica, la idea de permanecer cerca de sus parejas parece consolarlas. Tal vez por eso el Inmujeres decidió llamar a su campaña "El amor puede salirte caro", que busca combatir principalmente la participación de mujeres en la introducción de drogas al penal.

Todas las *narcas* del Cecjude de Sinaloa entrevistadas aseguraron que nunca fueron discriminadas por dedicarse al narcotráfico, ni por sus vecinos de barrio, ni por sus paisanos, ni por instituciones sociales como la escuela, la Iglesia o los centro de ocio. Lo anterior puede deberse, entre otros factores, a la tradición *narca* que existe en Sinaloa, al poder del dinero y al temor a represalias violentas.

En cuanto al primer rubro, Elena dijo que en su comunidad el narcotráfico es visto como algo normal, como un trabajo más; en muchos lugares de Sinaloa esto es una realidad. Sobre el poder del dinero, Débora Bomboster describió muy bien cómo el aspecto financiero sirve para comprar opiniones.

—¿Cómo piensas que te ven la escuela, la Iglesia, el trabajo, los clubes sociales o cualquier otra institución por ser *narca*?

—No me ven mal; si le llevas una buena limosna al sacerdote, te adora, te adora —risas—. Si vas a la escuela y llevas una donación, a los niños les das dulces y cuadernos, te hacen las mil caravanas, todo; tú sabes que tristemente el narcotráfico te abre todas las puertas, porque es dinero, *don dinero*; es la llave que abre todas las puertas.

El narcotráfico tiene dinero suficiente para comprar la opinión pública y agradar a muchos. Lorena Arce, por ejemplo, dijo que sus vecinos nuca la rechazaron ni la discriminaron porque de vez en cuando los ayudaba económicamente.

Por otro lado, el narcotráfico puede manipular a la opinión pública a través de la violencia. Una mujer involucrada en el tráfico de drogas es un peligro potencial para un adversario, lo cual puede evitar que alguien se le enfrente o incluso que la moleste en el más mínimo detalle.

Una pregunta de mucha importancia para entender cómo es construido el género de las mujeres presas por cometer delitos contra la salud es la siguiente: "¿Consideras al narcotráfico como una actividad para mujeres?" Las entrevistadas dieron diferentes respuestas que ponen énfasis en el hecho de que el narco sí es una actividad para mujeres, pero pesan mucho las condiciones y las necesidades de cada quien; por ejemplo, si se es madre, qué posición económica se tiene y si se siente gusto por la actividad.

Anónima, por ejemplo, es una mujer de pocas palabras y la respuesta que dio a la pregunta fue un simple y contundente no. A pesar de su respuesta, cuando relató cómo se involucró en el narco, manifestó que nunca tuvo miedo por ser mujer y dedicarse a esta actividad.

En el caso de Alejandra Guzmán, con su respuesta brindó la concepción de una mujer estadounidense, hija de padres mexicanos.

—¿Cómo ve la sociedad en California a las personas que se dedican al narcotráfico?

—Pues allá es un delito, pero no así tan grave como en México. Allá con seis meses pagas y sales, y aquí no; aquí a toda la gente le dan cinco años, cinco cien, cinco diez.[23] Allá no, allá es muy diferente; es más criminal que mates a una persona o que traigas un arma. Y aquí traes un arma y te dan uno o dos años cuando mucho, y ya quedas libre.

—¿Tú crees que el narco sea una actividad para mujeres?

—Puede ser para todos; bueno, las mujeres no estamos tan quemadas como los hombres.

Para Alejandra Guzmán el narcotráfico es malo porque existe una ley que dice que es así, no por sus daños colaterales a la socie-

---

23 El cien y el diez hacen referencia a días de condena en la cárcel.

dad. Como *narca* parece defender su trabajo y el enrolamiento de las mujeres en él, y sabe bien cómo funciona el sistema, porque su respuesta reitera que la mujer es menos sospechosa que el hombre para ser catalogada como narcotraficante. Y esta cualidad es muy útil para el negocio de las drogas.

A la pregunta de si la mujer debe involucrarse en el narcotráfico, Débora Bomboster imprimió a su respuesta matices impregnados de estereotipos tradicionales de género:

Pues creo yo que si las mujeres tenemos más conciencia de los hijos, vemos más por la familia, porque en primer lugar, bueno, ya hay mucha mujer adicta, ¿verdad?, pero en primer lugar es más difícil que una mujer se haga adicta. En segundo, el hombre empieza a ganar dinero y empieza a agarrar amantes, música, y a hacerse adicto, a tirar el dinero en todo menos en su familia. Y esa es la diferencia con las mujeres, aunque, como te digo, en la cárcel me tocó ver experiencias de amigas que me contaron que tenían dos, tres propiedades, pero las vendieron porque fumaban base, base de cocaína, y se gastaban todo el dinero en eso.

—¿Se puede ser mujer y *narca* a la vez?

—¡Claaaro!

Una supuesta menor inclinación a la promiscuidad y a los vicios, es la opinión en la que se basa Débora Bomboster para sustentar que la mujer está mejor capacitada que el hombre para involucrarse en la economía de las drogas.

Esmeralda condena al narco, pues a la pregunta de si lo considera una actividad para mujeres, su respuesta fue: "Pues ni pa' los hombres ni pa' las mujeres, porque todo es malo; bien que mal afectas a la gente, la violencia, todo lo que se viene causa de la droga". Su juicio es muy equitativo en cuestión de género, ya que considera que ni hombres ni mujeres deben involucrarse en esta actividad, por sus consecuencias dañinas para la sociedad, porque la concibe como algo perjudicial.

Lorena Arce esgrime sus argumentos sobre la participación femenina en la economía de las drogas con base en los posibles riesgos que implica el narco.

—¿Tú piensas que el narcotráfico es un lugar para mujeres? Pues es muy duro estar en la cárcel.

—Sí, es difícil, ya que es mucho lo que arriesgas; no es bueno.

—¿Y los hombres no sienten envidia respecto de las mujeres?

—Hay envidias… "¿Por qué esta mujer va a venir a quitarme la chamba?" Sí, en este rollo hay envidias, muchas envidias.

—Si yo quisiera entrar a trabajar, ¿me lo recomiendas o no?

—Sí… mira… Si estás bien económicamente, te diría: "¿Sabes qué?, no, ¿para qué?, no tiene caso", pero si yo veo que tú necesitas y te gusta, pues yo te digo: "Sabes qué, éstos son los riesgos; si quieres éntrale, pero de que te alivianas, te alivianas.

Lorena Arce mencionó algo muy importante: la mujer puede sentir gusto por el narcotráfico; la idea de que siempre es víctima del narco ha sido ampliamente aceptada en la sociedad; así se entiende que su incursión en esa actividad fue más por obligación que por convicción. Pero al igual que Lorena, también Alejandra Guzmán, Débora Bomboster y Marlene Fabela manifestaron sentir gusto por el narco.

MAMITA Y EL OCASO DE UNA MUJER NARCOTRAFICANTE

Dicen que todas las cosas se parecen a su dueño; en el caso de *Mamita* y su casa lo anterior es perfectamente aplicable. Con 56 años de edad, siete hijos, tres años y medio años en la cárcel, siete huyendo de la justicia y más de 20 involucrada en el mundo del narco, *Mamita* es todo un personaje. Actualmente está retirada del negocio. Unos problemas con su cadera, los estragos de una fuerte adicción a la cocaína y el temor de volver a la cárcel fueron suficientes para jubilarse. Pero así como haber sido *narca* dejó huellas en su vida, también lo hizo en su casa.

LA HISTORIA DE MAMITA

—¿Cuántos años tienes? —me preguntó.

—Veintiséis —contesté.

La conocí personalmente en la cárcel mientras realizaba la investigación para culminar mis estudios de maestría, pero antes ya había tenido noticias de ella; fue una de las *puchadoras* más importante de Mazatlán.

—¿Para qué son estas preguntas, mamita?

—Para hacer una tesis y terminar mi maestría.

—Es cierto, ya me lo habías contado, ¡qué padre! Yo a tu edad ya tenía a cuatro de mis hijos y andaba llevando mota a Tijuana —fue su respuesta.

Mamita ha llevado una vida muy ajetreada, pero detrás de esa fallida cirugía de nariz, las prematuras arrugas y un problema de alergias en su cara, guarda la belleza y la elegancia de antaño —al igual que la de su casa—, que tuve oportunidad de conocer a través de algunas fotos.

Su infancia fue pobre y difícil; no tuvo oportunidad de cursar la secundaria. A los 14 años se fue con el padre de sus dos primeros hijos. Pero ambos eran jóvenes y las cosas no funcionaron; un año después de la separación conoció a López.[24] Así llama a quien fuera legalmente su único esposo, el padre de cuatro de sus hijos. López era un policía federal y que la acercó por primera vez al mundo del narcotráfico; gracias a los constantes sobornos que recibía de parte de los narcos, ella supo que estos últimos tenían mucho dinero. Debido al trabajo de López viajó por todo el país para finalmente establecerse de nuevo en Mazatlán, Sinaloa. Ella le dijo a su esposo que ya no quería mudarse tanto, por los niños y porque extrañaba a sus padres y su tierra natal. López le compró una modesta pero cómoda casa en una colonia clasemediera de Mazatlán.

---

[24] Los nombres utilizados aquí son falsos y fueron inventados por la autora para proteger la identidad de los personajes.

Justamente a los 26 años se separó de López; el motivo: infidelidades por parte de los dos.

"Lo caché, me cachó y jamás lo volvimos a ver mis hijos y yo; creo que aún vive", explica *Mamita*.

La vida le cambió mucho después de eso. Tenía seis hijos mal acostumbrados que mantener. "Fue un año muy difícil; mis hijos estaban acostumbrados a estrenar ropa cada mes, a tener los juguetes que quisieran; tenía que mandar a la escuela a tres de ellos, vendí el auto y terminé haciendo el aseo en varias casas." Una de esas casas fue la de una amiga de la infancia, que estaba casada con el "asistente" de un narcotraficante.

Al ver la necesidad en que me encontraba, me propusieron que trabajara con su jefe llevando mariguana a Tijuana; no era mucha al principio; me iba en camiones de pasajeros. Éramos varias, a veces tres, a veces dos, pero siempre mujeres porque éramos menos sospechosas. Gracias a eso me levanté, mamita, pude mantener a mis hijos, y en los primeros cuatro viajes hasta saqué para comprarme un carrito.

Mamita trabajó cuatro años como *mula* llevando droga en maletas los primeros tres, y el último como copiloto en camionetas. Incluso en una ocasión, en un tráiler; ella la hacía de pareja del conductor, así todo parecía un viaje en familia. El último viaje que realizó fue en una camioneta. Los federales la agarraron cerca del Desengaño; estuvo detenida una semana hasta que su patrón arregló todo. Esto la asustó mucho.

Me tuvieron una semana en unos separos de la policía federal; pensé que me iban a mandar a uno de los Ceresos, que no iba a volver a ver a mis hijos; los había dejado al cargo de mi mamá y una hermana. Pero mi patrón pagó todo y salimos libre el chofer y yo; llegando a Mazatlán fui y vi a mi patrón y le dije que le agradecía mucho todo, pero que ya no quería hacer viajes, que no quería separarme de mis hijos. Él era muy buena persona, y como yo nunca le quedé mal en ningún viaje, me dijo que si me animaba él me pasaba pedazos de coca y mariguana para que vendiera al menudeo y así no saliera de mi casa. Te estoy hablando del tiempo en que aquí en Mazatlán prácticamente no existían las tienditas… No'mbre, yo vendí mucho, mucho. Tenía una clientela muy selecta, mamita; no le vendía a cholillos, sino a puros licenciados, doctores, agricultores, ganaderos y gabachos; ésos me los traían los *pulmoneros*[25] y los taxistas, y algunos que ya vivían aquí. No me gustaba venderle a plebillos o a muchachitos porque me recordaban a mis hijos… A ellos los mandaba a la escuela en la tarde para que llegaran a hacer sus tareas y se durmieran para que no les tocara ver a la hora de la venta; pero conforme crecían ya no se los podía seguir ocultando… Así viví muchos años. Les compraban a mis hijos y a mi pareja entonces lo que querían (en esa época ya tenía siete hijos)… Hasta alcancé a ahorrar; con eso me medio mantuve mientras huía.

Mamita trabajó más de una década como *puchadora*, pero su fama se hizo grande al igual que su vicio por la cocaína, por lo que se volvió visible. Así fue como se le giró una orden de aprehensión, razón por la cual huyó durante siete años; estuvo en León, Guanajuato, con uno de sus hijos; en Los Cabos, Baja California Sur, con una hermana; en México, Distrito Federal, con otra hermana, y cuando se sintió segura volvió a Mazatlán. Trató de trabajar de nuevo como *puchadora*, pero no duró el año completo. Las conexiones que tenía con las autoridades y con la mafia ya no funcionaron y una de sus vecinas la denunció y la orden de aprehensión se hizo válida. Al momento de su captura tenía solamente dos gramos de cocaína para el consumo propio y el de su pareja; la policía no los encontró porque los escondió en una caja de plastilina de su hijo más pequeño. Pasó tres años y seis meses en prisión.

---

[25] Los *pulmoneros* son los conductores de taxis sin ventanas ni puertas llamados *pulmonías* en Mazatlán, Sinaloa.

"Pase, mi casa es su casa"

Así reza el tapete que te recibe en la casa de *Mamita*. Así como su vida fue marcada por el narco, su casa también lo fue. Al igual que *Mamita* guarda en su físico y en su personalidad recuerdos de un pasado de lujos, su casa también; la palabra que mejor podría describir a ambas es *decadencia*. En decadencia se encuentran muchas mujeres que se han involucrado en el narcotráfico.

A simple vista, desde el exterior la casa parece una extranjera en su cuadra. Los inmuebles a los lados son sencillos: una puerta, una ventana y un piso, mientras que el de *Mamita* tiene el doble de tamaño que los de sus vecinas, pues cuando realizó el viaje en el tráiler consiguió lo suficiente para comprar una casa a un lado y el patio de la que tenía atrás. Dice que pretendió comprar la casa al otro lado pero no se la quisieron vender. La fachada se encuentra recubierta de mosaico, lo cual —dice *Mamita*— le salió muy caro porque en sus tiempos era lo "más *nice*". Varios trozos de mosaico se han caído pero ella no los ha repuesto porque ya no venden de ese tipo, y aunque lo vendieran no tiene con qué comprarlo. Las grandes protecciones que cuidan su hogar, aunque son elegantes, se encuentran oxidadas. Una gran puerta de madera con un elaborado y empolvado decorado es lo que da acceso al interior. El primer piso está integrado por sala, comedor, cocina, un baño completo, un enorme patio y un cuarto, donde *Mamita* guardaba y preparaba su mercancía. Dejaba a los clientes de más confianza pasar a consumir la coca. *Mamita* dice que está pensando usar ese espacio como su recámara para ya no tener que subir las escaleras.

El segundo piso alberga cinco recámaras, dos baños completos, una terraza y un cuarto de lavado, como el que le vio a una prima que visitó *al otro lado*; desafortunadamente, mientras estuvo en la cárcel su hijo mayor vendió la secadora. En su habitación está uno de los baños, el cual tiene un *jacuzzi* que ya no funciona, y que compró cuando estaba *pesada* porque con él quiso seducir a un hombre del que se enamoró. También hay un clóset que abarca toda la pared.

Me dijo que antes no cabía tanta ropa y zapatos que tenía; hoy no ocupa ni una cuarta parte de su capacidad. Dice que mucha ropa la perdió durante su huida, pero otra tanta fue vendida por *el Flaco* o alguno de sus hijos;[26] entre las piezas que pudo conservar está una gabardina de piel. Hay un enorme cajón del clóset con una cerradura violada; cuenta que ahí acostumbraba guardar sus joyas, las cuales tuvo que vender para mantenerse durante su huida. Cada dos meses más o menos acostumbraba regalarse alguna pieza de oro; no conserva nada de eso. Su habitación es aún muy elegante, y el televisor de 48 pulgadas fue guardado por uno de sus hijos; cuando ella salió de la cárcel, se lo devolvió. Tres de las recámaras siguen ocupadas por sus hijos. La que está sola fue totalmente saqueada; sólo conserva una cama sin vestir porque hasta las colchas le sacaron y en esa habitación un enorme agujero donde alguna vez estuvo el aire acondicionado.

Abajo su casa tiene una colección de muebles raros que aun siendo elegantes no encajan con el conjunto, pero *Mamita* presume orgullosa haberlos escogido todos. El mueble de su comedor guarda vajillas, juegos de copas y vasos de cristal cortado incompletos. Incluso tiene vasos y platos que son únicos. También en una de las esquinas de la sala guarda tres televisores viejos que se descompusieron mientras ella estaba en el *Instituto*, como le llama a la cárcel.

Cuenta que al volver encontró una plaga de pichones, zancudos y ratas viviendo en su casa. Pidió prestado para pagarle al exterminador. Dice que encontrar esos estragos le produjo tanto coraje como el robo y el abandono que sus hijos inflingieron a su casa.

Entre los vestigios que dejó su opulento narcopasado, *Mamita* y su casa tratan de sobrevivir ajustándose a lo que pueden. Dice que si recupera su dinero lo primero que haría sería operarse la nariz y

---

[26] *El Flaco* es el padre de su último hijo y compañero sentimental por muchos años. Al igual que dos de sus hijos, *Mamita* tuvo graves problemas de adiccións; a la fecha los tres están rehabilitados, más por falta de solvencia económica que por ganas.

quitarse algo de estómago, pero que también remodelaría completamente su casa y tiraría sus muebles viejos.

La mayoría de las propiedades de las *narcas* que han estado presas o huyendo como *Mamita* son víctimas de abandono y saqueo; ahí quedan huellas de lo que fueron capaces de hacer o gastar. Las que aún poseen dinero en cierta medida pueden conservar y dar continuidad al ritmo de vida que tenían en sus tiempos de bonanza; las más desafortunadas, en realidad la mayoría, sobreviven como *Mamita*: añorando los viejos tiempos.

8

"Todo lo grande se acaba en un momento"

JOSÉ CARLOS CISNEROS GUZMÁN

Marimar tiene 56 años, es administradora de empresas y contadora fiscal. Nació en una familia humilde y numerosa. "Yo no necesito a un hombre para luchar por mi respeto."

Se considera muy independiente, pero admite que se inició en el narco con un hombre, su primer esposo y padre de su primogénito. Enviudó a las tres años de casada "porque lo mataron, hizo un negocio mal, y tarde o temprano se lo iban a cobrar; en este negocio del narco todo se paga, nada se burla, todo te llegará a su debido tiempo".

> Me dan risa aquellos que piensan que ya lograron hacerla y que creen que pueden hacer pendejo a su jefe o jefa, pero ellos solos se engañan; uno los deja ser, les va soltando el hilo a ver hasta dónde llegan, y después uno les jala la correa y solos se ahorcan. Y así le pasó a mi esposo, lo dejaron ser y después le tocó la hora de pagar.

Marimar después fue amante de otro narco, con quien tuvo otros dos hijos, también hombres, pero "por que fuera narco no iba a dejar que me golpeara, hay dignidad y primero están los hijos; por los hijos soy capaz de comer hasta tierra y dar la vida". Su manera de vestir es elegante, sobria, de negro la mayoría de las veces y pasaría como mujer ejecutiva de una importante empresa. Usa lentes oscuros y ropa de diseñadora.

Elegante, sin tanto brillo para no llamar la atención. Es lo que no entiende la gente de ahora y viven con la idea de que hay que disfrutar el dinero porque si no te van a matar. Pues sí, disfrútalo tú y déjalo también a tu familia en casas, autos, cosas que les aseguren algo cuando alguien ya no esté.

Después de la separación de su segundo esposo —que actualmente se encuentra preso en una cárcel de México— se casó con otro, "también narco, no por interés porque yo trabajé desde que me casé con mi primer esposo; por eso no aguanto mucho a los hombres, soy independiente y no me controlan con dinero". Trabajan juntos pero sin confundir el matrimonio con el negocio; "negocios son negocios". Considera la violencia "necesaria, pero sin exceso, y hay que evitarla".

[La mujer dentro del narco] siempre ha estado, como madre, hija, amante y esposa, pero cada una tiene su historia que contar. A muchos [narcos] he visto subir y caer. Los hombres son muy desesperados. Yo prefiero subir escalón por escalón con paso firme, sin necesidad de caerme o que me tumben. Mírame dónde estoy, tengo medio siglo viviendo y ni cuenta se dan; como te dije, la mujer siempre ha estado, que no nos quieran "ver" es problema de ellos [gobierno]. Ésa es nuestra ventaja, ser mujeres. Tenemos otras formas de actuar y ver las cosas, y a la sombra de un hombre estamos bien.

Del último matrimonio tiene un hijo varón; "puros hombres me tocaron pero tengo sobrinas que son como mis hijas". Y todos se dedican al negocio, menos el menor. "Yo nunca los invité a trabajar, pero tampoco les iba a dar todo fácil; que sepan lo que la vida cuesta, que sepan lo que yo he pasado para que valoren".

Su posición le ha permitido viajar por el mundo: "Francia, Italia y Estados Unidos los conozco muy bien. Trabajo con hombres y mujeres por igual; miente cualquiera de las que te preguntan si con mujeres es más fácil porque no lo es; somos muy conflictivas, nos gana el ego".

Estados Unidos y cualquier país es fácil de conquistar; siempre tienen sus puntos débiles. El problema de los gringos es que sus políticos son hipócritas y tienen doble moral, por eso todo lo ilegal les gusta, y los que hacemos cosas ilegales tomamos ventaja. Puedo ser mexicana o gringa, pero jamás me olvido de mi tierra. De mis vecinos, de mi escuela, la gente nomás llega a conocerte como poderosa, y creen que una tiene la vida resuelta; pero no es así, también tenemos problemas. La que se dedica al narcotráfico sabe muy bien a lo que se mete, desde la amante hasta la que *tira* droga, la que mata y te trae dólares. Cuesta trabajo, no es fácil, todo llega a su tiempo.

Hay momentos en que ser quien soy no lo es todo; tienes mucho pero sientes no tener cosa alguna. Me quedo en silencio, ni siquiera lo hablo con mi mamá. Aquí en el narco, todo lo grande se acaba en un momento, en un parpadeo ya no estás.

"UNA NUNCA SABE CUÁNDO SE TERMINARÁ TODO"

Para conocer a esta mujer, de 30 años de edad, en Juárez, me pidieron que fuera a un bar de la ciudad vestido completamente de negro y con una gorra del mismo color. Le dije a su ayudante que llevaría un café frío para beber, por si había alguien vestido igual que yo. Al llegar al lugar, me revisaron para ver si traía algún arma, y los que estaban en la entrada se hicieron señas. Pensé que me quitarían el *frappé,* pero no. Llegó una mujer rubia de más de 30 años de edad vestida de negro; pensé que era la persona a la que entrevistaría. Idea fallida. Esta dama me condujo hacia una mesa y me dio la carta. Nueve mesas estaban ocupadas por parejas y jóvenes universitarios, y algunos extranjeros ya entonados con el alcohol. Sonrieron, me preguntaron si quería unirme a su "fiesta". Negué con la cabeza y sonriendo sólo les hice la *V* de la victoria. Yardas y cerveza Indio en las mesas. Totopos y chetos para acompañar; música electrónica. Checaba el tiempo, que se iba muy rápido y la jefa no llegaba. No dejaba de mirar hacia la entrada; la sensación de haber sido plantado era cada vez más fuerte. Se acercó la mujer que me condujo a la mesa y colocó una cubeta con seis botellas de cerveza. Le dije que yo no había ordenado. "Lo sé, pero si no consumes te van a sacar." Reglas son reglas.

Al rato llegaron tres mujeres acompañadas por cinco hombres; se sentaron alrededor de mi mesa, las mujeres en una mesa y ellos: dos detrás de mí, dos cerca de ellas, y uno enfrente. Los meseros y la mujer que conocí al ingresar se acercaron rápidamente a atenderlos. Las mujeres, de 27 a 30 años, vestidas entre la formalidad y lo casual. De cabello lacio negro una, y otra de pelo ondulado. Parecían divertirse. Miraban hacia mi mesa y la de rulos le hablaba a la de cabello oscuro. Me sentí incómodo.

Ya no tenía *frappé*, y la mesera, sin consultarme, se llevó el recipiente. Yo observaba al grupo de estudiantes que ya se había unido a los gringos. Me levanté y me dirigía al baño cuando el tipo de atrás me sujetó del brazo.

—¿A dónde vas?

—Al baño —respondí sin hacer mucho contacto visual.

Él sólo alzó las cejas y me dijo: "Espérate". Pude ver entre sus pertenencias una escuadra fajada. Una sensación de calor me recorrió. Me quedé quieto. Y ahora sí lo miré de frente. Me hizo una señal con los ojos para que volteara hacia atrás. Y allí estaba la mujer que esperaba; era la dama de pelo negro, quien me sonrió y movió la cabeza para que me acercara.

—¿Ya te ibas o qué? — me preguntó a gritos.

Me tomó del hombro y me llevó a la mesa con sus amigas.

—Él es el de Culiacán —les dijo.

Me saludaron las dos con una sonrisa en los labios y un suave apretón de manos.

—Me dijeron que querías hablar conmigo. Eres periodista.

Corregí. Aclaré que era estudiante.

—Y entonces para qué soy buena; soy muy buena en todo —las demás la secundaron con sus risas.

—Necesito tu historia; no nombres, no me sirven. Necesito que me hables de tu vida —una carcajada sonó entre la música.

Y comenzando a bailar al ritmo de la música me dijo:

—¿Estás loco o qué? ¿Para qué quieres saber de mí? No soy importante. No sé qué te dijeron —le expliqué que para mí sí lo era—. Serás muy universitario pero yo no te conozco.

De nuevo intenté hacerle ver que no representaría ningún peligro; era un trabajo académico que se tenía que llevar a cabo, y los nombres no me importaban. Accedió, pero tenía que ser otro día porque ése no era el lugar ni el momento apropiados. Logré observar cómo los hombres a su alrededor estaban para cuidarla y también para celebrar con ella. Pero nunca se acercaban a la mesa directamente.

—Dame tu número de teléfono y mañana nos vemos, si quieres.

Terminé por explicarle qué era lo que necesitaba saber y para qué.

—Ya te dije que ahorita no; mañana —y así fue.

Al día siguiente me citó en un restaurante. Llegó con su ayudante. Lentes oscuros y cabello recogido. Bolsa de diseñador, blusa blanca y jeans ajustados. Ya la esperaba yo en una mesa cuando señaló con su dedo índice hacia un lugar más retirado, entre paredes. Sin ventanas. Su ayudante se apresuraba a llegar a la mesa antes que ella. Me preguntó cómo había estado mi noche y si tenía mucho tiempo esperándola.

—No como anoche —le respondí para que me replicara.

—No es para tanto —y se rió.

Ordenó café y nos dispusimos a desayunar. Dijo que al terminar podríamos hablar de lo que quisiéramos.

Concluidos los alimentos, se cruzó de brazos apoyándose en la mesa y me miró con media sonrisa en los labios.

—Entonces, ¿cómo va a estar todo? ¿Qué quieres que te cuente? Me haces sentir importante —se reía, y su ayudante, Jorge, la secundaba.

Le pregunté si podía grabarla por si no alcanzaba a anotar lo que me decía. Recibí una respuesta seca:

—Y qué tal si la dejamos aquí.

Le dije que era sólo para poner los datos, que después la borraría.

—Y qué tal si te doy un chingazo; no es mi problema si no anotas todo lo que te digo; mejor pa'mí.

Me tuve que sujetar a sus reglas. Y comenzamos:

—Aquí entramos [las mujeres] por dos cosas: por un hombre o por hambre —explicó—; pero hay de todo. Yo entré por un hombre, que primero no me dejaba ser yo; era muy controlador, primero no quería que trabajara. Él empezó llevando mariguana al otro lado. Yo lo conocía por mis amigas; él estaba saliendo con una compañera mía, pero la cachó que le pintaba los cuernos y la dejó. Y después me puse yo con él.

—¿Cómo eras antes de conocerlo?, ¿qué hacías?

—Trabajaba y estudiaba y ya; tampoco andaba de puta queriendo ver quién me levantaba y ya, qué hueva. Siempre fui independiente. Pero, pues, lo conocí y así pasó.

—¿Así pasó qué? —la cuestioné.

—Lo conocí en las fiestas donde coincidíamos, pero él estaba con mi amiga; le decíamos, y yo más, que se portara bien, porque pues con un hombre así no se juega.

—¿Le tenías miedo?

—No es miedo, sino que ya sabíamos, ya lo conocíamos cómo trataba a mi amiga y a ella le valió. Sólo lo quería por dinero y nosotros disfrutábamos con ella.

—¿Y te pusiste con él?

—Sí, ya te había dicho, ¿no? Y pues era su novia. Una de tantas, supongo. Al principio no me acostumbraba porque ya sabía cómo era y no quería estar haciendo lo que criticaba de mi amiga, que se dejaba por unas fajas de dólares y él la trataba como puta. Y ella no hacía nada. Yo la regañaba porque cómo era posible que se dejara hacer todo lo que le hacía. Si no era tonta, todo por el dinero. Te aclaro que no terminamos por mi culpa, sino que ella se le puso al brinco por otra mujer y a él eso no le gustó. Ya sabía que lo engañaba pero pues yo creo que él sí se enamoró de ella.

—¿A qué se dedican tus papás? —inquirí, pero ella me respondió con otra pregunta:

—¿Qué tienen que ver mis padres aquí?

Le comenté que muchas veces la familia tiene que ver con lo que hacemos. Continuó:

—Primero mi papá se enojó conmigo porque era el novio de mi amiga y por el tipo de hombre que era. Después se le pasó. A mi mamá no le importó, hasta le dio gusto, yo creo —respondió al final.

Dijo que de su grupo de amigas era la única que no tenía novio o "lo que se le asemejara".

—¿Y cómo te iniciaste en este negocio?

—Ya ni me acuerdo —se ríe—, cuando menos lo pensé ya estaba adentro; a lo mejor ya sabía demasiado y afuera era más peligrosa que adentro, ¿me entiendes? Creían que iba ir de despechada a decir todo lo que sabía, a poner gente con el gobierno o con los enemigos. Pero yo no fui educada así, yo no me ardo fácilmente; cada quien tiene lo que se merece. Piensan que porque una es mujer va a ir a decirlo todo; digo, sí las hay, como te dije, hay de todo. Cuando me casé muy joven ya conocía a mucha gente. Todos fueron a la boda, amigos y familia de mi esposo. Mi familia y mis amigas también y ya; fue una fiesta muy bonita. No fue aquí. Por seguridad, además.

"Una escucha a los hombres y les hace ver otras formas; ustedes los hombres son bien desesperados, luego quieren levantar la cosecha cuando ni han sembrado nada."

Me explicó que al principio de su matrimonio todo estaba bien: viajes constantes dentro y fuera del país, "disfrutando como recién casados". Después se hicieron largas las ausencias de su esposo.

Y ya sabía yo que él no había cambiado, que seguía igual; no soy tonta. Lo conocí con mi amiga y seguía siendo el mismo; sabía que había otra mujer, pero ¿qué podía hacer yo? Ya lo conocía, y no me tomó por sorpresa. Más allá de ser esposos empecé siendo su consejera, o su ayudante: "Como vamos a comprar esta casa, la ponemos a tu nombre, o este auto para tu hermano, o esta casa para tus papás...", todo yo.

Y según me decía, era para quedar protegida si él faltaba. Pero, te repito, no soy tonta, ya sabía lo que estaba haciendo. Después me dijo que se iba a ir a Estados Unidos y que tardaría en regresar, pero quería saber si yo podía ir a verlo. Y sí fui muchas veces con él. Hasta que lo agarraron y lo mataron en la cárcel.

Sólo la observé y su ayudante agachó la mirada.

Después llegaron los problemas: que hacía falta dinero, que debía esto, que se chingó a no sé quién, que quedó mal en no sé dónde… Empecé a vender todo. Como te digo, fue mucha felicidad en tres años y *boom*, todo se acababa. Entonces dije "mejor trabajo", y después me decía "qué tonta, dónde y cuánto voy a pagar", porque no quería que me chingaran. Aquí les vale madre si la deuda es de tu esposo; ya no respetan, te chingan a ti y a toda tu familia. Ya no vivía aquí. Pero sí pensaba en mi familia. No sé, una piensa tonteras.

Le pregunté a uno de sus "amigos" que con quién hablaba para pedir dinero. Pero sabía que no iba a ser gratis, o me acostaba con alguien o algo, ¿me entiendes? Puta nunca he sido, así que prefiero trabajar. Y pues aquí estoy.

—¿Comenzaste con la gente de tu esposo?

—Sí y no; fue la gente de más arriba, la que ya conocía y que sabían que era callada, que no andaba como las demás. La verdad no fui como las demás que se la pasaban en las fiestas tomando o platicando acerca de qué auto nuevo le regalaron; siempre fui seria, no amargada, sonreía de vez en cuando y yo creo que se dieron cuenta de que era diferente.

—¿A qué te refieres con "diferente"?

—Que no estaba allí por el dinero. Una cosa sí te digo: aquí hay mucha hipocresía, y están las que les juran amor eterno a los hombres, y nomás los matan, brincan a otro. A mí me lo mataron y no me brinqué a ningún otro. Yo no, yo no soy así, ¿para qué? ¿Para regresar a lo mismo? ¿Para que te den dinero cuando te cogen nomás? ¡Óyeme, cabrón!, somos mujeres, no putas.

"Cuando empecé primero fue de ir a recoger 'envíos' que venían desde el sur. Mi primer viaje fue por dinero, necesitaba ir por dinero; el que estaba allí entonces como mi jefe me mandó a mí y a otros más. Era la única mujer en el grupito que íbamos por el dinero. Yo de copiloto y éste manejando —refiriéndose a Jorge—. Los demás en otros autos a distancia, no todos juntos. Ya cuando llegamos al lugar yo me bajé por el dinero."

—¿Qué sentiste?

—Miedo y emoción… no sé cómo explicártelo, pero llegué y dije: "Ni modo, ya estamos acá y pues adelante". Al principio fue fácil; ya esperaban con el dinero y les pasé el celular, y ya. No pregunté nada más; nomás dije que venía por un encargo y me retiré. Al dar la vuelta sentí miedo otra vez; no sentía que me cuidaba. Los hombres estaban afuera, yo sola entré y salí con el dinero. Cuando llegué con el que era mi jefe, se sorprendió, primero porque era todo el dinero, y segundo porque no tardamos en recogerlo.

—Fuiste honesta entonces.

—Sí, como te dije, soy diferente. Esa noche se pusieron a celebrar, a tomar, y yo no me les uní, me fui. Al día siguiente tenía una camioneta afuera de mi casa; me la mandó mi jefe.

—¿Estaba enamorado de ti?

—Pues si lo estaba nunca se le hizo, nunca me faltó al respeto. Desde ese entonces sentí que podía con eso y más. Pero también sabía cómo estaba todo, que en cualquier rato caía y todo se acababa. Iba y venía con dinero, primero de un estado a otro, después más lejos. Hasta que logré cruzar al otro lado. Y me empezaban a pagar más y más. Hasta que ya terminé de pagar todo.

—Pensaste que ya era todo, ¿ya se había acabado todo?

—Sí, pagué todo y ya. Pero vino el "¿y ahora qué?… aquí no te puedes retirar así nomás porque sí". Un día, cuando ya estaba pensando que todo se me había acabado, me hablaron, me preguntaron qué había pasado conmigo, por qué me había perdido tanto y no supe qué contestar; sólo dije un "pues pensé que ya no me necesitaban". Y no, me di cuenta de que cuando ya no necesitas a alguien aquí [en el narco] te matan. Yo ya quería regresar con mis papás, irme lejos, pero también como que me acostumbré a no estar quieta, a andar de aquí para allá.

"Me dijeron que había una fiesta y que fuera… Y fui; allí estaba mi jefe y otra gente, y dijeron: 'Así que tú eres la viuda'. Yo sólo los miré, no les dije nada, no tenía por qué explicarles nada; los ignoré y saludé a mi jefe nada más. Y me dijeron: 'Uuuy, qué genio'. Me presentaron a otros a quienes yo les iba ayudar, y a mandar, y dije para mí: 'Y ahora, ¿cuándo me preguntaron si quería?' Y pregunté de qué se trataba y resultó ser que teníamos que quitarle la mercancía a otros. No hice gestos pero sí estaba difícil. De pasar dinero y cargamentos a otro lado, a chingarnos en otros, pues sí está de pensarse. Lo hicimos. Y mi jefe y otros me dijeron: 'Hasta resultó mejor que el marido'. Recuerdo que esa noche me eché a llorar, tenía mucho sin pensar en él."

—¿Y cuándo llegaste a ser jefa?

—Pues llegué, así nomás.

—¿Así nomás?

—Sí, ganándome la confianza de la gente y derecha. Sí, derecha en lo chueco. Cuando nos chingamos a esos cabrones esa vez, se quedaron conmigo varios de los que aún colaboraban para mí.

—¿Te resulta difícil por ser mujer?

—Pues sí, sí es difícil, te digo; piensan que porque eres mujer ya vas a abrir las piernas, o que porque me ven viuda o soltera ya tengo ganas. También está el cabroncito que se la tira de chistoso, que se la quiere sacar de vivo, y ya. ¿Cómo van a estar bajo las órdenes de una mujer? Dime tú; le dan en el orgullo, ¿no? Pero se aguantan. Con el tiempo te das cuenta quién te sirve y quién no; si te hacen caso o no, así de fácil.

—Jorge, ¿es difícil trabajar con ella? —se sonrojó y rió.

—Pues qué quieres que te diga.

—¡Dile la verdad! A ver —lo retó ella.

—La verdad no —respondió Jorge—, no porque esté ella aquí, si no, ya no estaría trabajando con ella. Estoy desde que andábamos recogiendo dinero, y pues ella me ha aguantado a mí, me siento bien trabajando con ella.

—Más te vale —dijo la mujer señalándolo con el dedo índice derecho y soltó la risa.

—Mira, es más difícil trabajar con una mujer al mando, por el orgullo, que con hombres, pero el trabajo es el trabajo; tenga falda o tenga pantalón es lo mismo, tienes que trabajar —concluye Jorge, y yo continúo la entrevista con ella.

—¿Crees que por ser mujer es más difícil o más fácil tener éxito dentro del narco?

—Primero que nada, aquí en el narco nada es fácil, eso está mal y escríbelo, apúntale allí, en mayúsculas: NADA ES FÁCIL. No sé por qué piensan que es fácil, pero si te refieres a que si es más fácil porque soy mujer, no. Más si tienes que andar arreando cabrones, o peor, los celos de las otras mujeres.

Para cuando nos percatamos, el restaurante ya estaba más concurrido. Jorge pidió la cuenta y ella me dijo: "Mejor vamos a dar la vuelta por la ciudad". Se soltó el cabello y se puso sus gafas para el sol, mientras que su ayudante, apresurado, salió primero que ella. Con paso acelerado, nos dirigimos a la puerta. En menos de dos minutos Jorge llegó con una camioneta negra de lujo, no completamente polarizada. Se subió ella como copiloto y yo atrás. Mientras nos dirigíamos por una de las avenidas principales percibí la presencia de otros vehículos siguiéndonos; Jorge redujo la velocidad y uno de aquellos automóviles se nos adelantó. "No te asustes, es de los míos", señaló ella.

Mientras miraba al frente y a los lados, seguimos con la charla:

Te comentaba, yo digo que es cuestión de orgullo eso de trabajar bajo las órdenes de una mujer, y batallar con los celos de las mujeres fieras es más difícil. Qué, ¿creen que una es como ellas? No, para eso hay niveles, y yo, aunque no lo creas, tengo una ética. No me acuesto con los que trabajan conmigo. Luego piensan otras cosas y mejor no. Siempre hay que trabajar con gente que ya te conoce, que sabe cómo eres, y yo creo que así se te hace fácil sobrellevar las cosas con los hombres, porque cuando te tocan nuevos, sí, siempre está la duda de mi parte de que no me vayan a chingar, y de su parte yo creo que es igual. Como en todo, no confías mucho.

—¿Usas armas? —saca una pistola de la guantera y otra debajo de su asiento.

—Ésta —la de la guantera— va siempre en mi bolso, pero en el restaurante, para entrar a la plaza, hay detectores de metales, y pues aquí se queda. Además, éste siempre anda acá conmigo y hay otros que también las meten. Y esta grande —la de abajo del asiento— es para la camioneta. Una nunca sabe cuándo se terminará todo.

—¿Le tienes miedo a la muerte?

—No, la verdad no; todos nos vamos a morir, unos más rápido que otros pero nos vamos a morir, ¿me entiendes? Aquí todo es más rápido, pero de lo que estoy segura es de que me voy a morir, no ahorita, sino hasta que Dios quiera.

—¿Piensas tener hijos?

—Dime cuándo y con quién y a qué horas; antes sí, cuando estaba casada sí quería tener hijos y esas cosas, pero ya no. A como está la cosa ya no. Ahorita está duro, y como para dejárselos a mi mamá, como que no, ya está grande. Ella cuida a los hijos de mis hermanos a veces; pero no, yo no, no sé, me hiciste pensar. No, la verdad no, no quisiera tener hijos; con mis sobrinos basta. ¿Por qué? Porque la cosa está dura, te digo. Con hijos sí te da miedo que te maten, y dejarlos, ¿para qué? No se dio en su tiempo, y ahora para qué le busco.

Llegamos a un fraccionamiento exclusivo. Su casa es muy grande, posee muebles finos y al parecer nuevos; algunos conservan las envolturas de plástico. Había un desorden en la planta alta.

¡Hombres!, te digo… Yo creo que éstos son como mis hijos, pero ya están viejos para que dejen desorden.

Tengo de todo: casas, autos, armas, joyas… pero aquí no se puede disfrutar todo. Algunas son regaladas para quedar bien, otras como forma de pago. Fíjate que hasta a veces pienso que así es mejor, que mi ganancia ya esté invertida en alguna casa. Al final nada de esto me voy a llevar para cuando me maten.

"YO SÉ QUE NO SOY ETERNA"

"El narco es un mundo de traiciones; me acostumbré a llevar las cosas a los extremos. Es un mentiroso el que dice que valora las cosas, el que dice que mide qué tan enfermo está o qué tan bueno es."

—¿Se refiere a los hombres?

—No, también a las mujeres; en todo, en lo legal y en lo ilegal. No valoramos lo que nos conviene. Todo va rápido, y te aclaro: aquí hay muchos que dicen ser jefes y jefas o reinas. No te dejes engañar. Habemos muchas reinas, y jefas y jefes. Nadie es eterno aquí.

"Hay veces que no hay dinero; sí, tienes mucho dinero, pero no hay forma de sacarlo. Al menos yo no soy pendeja, evito que me lo estén quitando, y levantar más sospechas de las que hay. La gente siempre piensa que tienes para tirar el dinero. No piensan mal, pero hay momentos para todo."

—A lo que usted se refiere es a la imagen que hay de los narcotraficantes, fuertes, poderosos, millonarios...

—Sí, somos fuertes, poderosos, tenemos millones de dólares, diferentes cuentas, muchas casas, viajes, ropa, bolsos, zapatos pero eso no es todo.

—¿Entonces qué es?

—Esos son los logros —hace un entrecomillado con las manos—, pero no ven el "precio".

—Explíqueme un poco a qué se refiere con "precio".

—Hay cosas... que salen más caras que el avión con el que me muevo, mis casas, mis cuentas, lo que traigo puesto. Nada es gratis y aquí nada es fácil tampoco.

—Entiendo... ¿aun con la ayuda de su actual esposo no es fácil?

—No, sigo pagando grandes precios. Mira, cuando estoy lejos de mi casa, cuando no logro hablarle a mi mamá, tardo meses en hablarle, pero llego a mi casa, su casa, a comer, pidiendo un poco de paz, tranquilidad, sin celular, sin radios, sin llegar a un hotel y no tener que cambiarme de piso cada hora. He pensado tomarme unas vacaciones, pero no las hay. Sólo cuando llego y puedo ver a mis nietos y los abrazo parece que todo se detiene.

—Sus hijos... ¿están de acuerdo con su oficio?

—Deberían de estarlo. Trabajan conmigo, pero no los vi crecer... Uno no me quiere, y al otro lo mataron —sus ojos se ponen cristalinos pero se aguanta—. Los otros dos tienen su propio poder, no los dejo que corran a esconderse debajo de mis faldas. Los enseñé a ser hombres que respetaran a las mujeres porque una mujer los parió y ellos tienen niños.

—Y ese hijo que murió… —interrumpo.

—No fue venganza como se creería; no sé en qué andaba mal, yo no le enseñé a ser así, ni su padre. Pero creyó que era intocable. Fue mi error, porque a veces también lo pienso. Tenía un problema, duró varios años con adicción al polvo, pero ya ni hablar de eso es bueno… Que Dios me perdone porque fallé como madre. Una vez le dije: "Óyeme, cabrón, ¿vas a dejar que el destino decida por ti? Aquí vas a llegar hasta donde tú quieras llegar…"

—¿O hasta donde los dejen llegar? —vuelvo a interrumpir.

—Por eso, si tú quieres no te van a tumbar de donde llegaste; lo que está bien hecho es difícil de tirar pero, ya sé cómo están las cosas y después me tocará ver cómo me las arreglo.

—Entiendo…

—No, no entiendes; sólo entiende una madre que pierde a un hijo. Y a la gente se le olvida que yo soy mujer, que soy madre y ser humano. Cuando empecé, siempre pensaba en la familia, en la renta, en la comida; que si se me enferma un hijo o el otro, también eso; pero esto no lo ve la gente, sólo ve lo que te dije: los logros. Ya no me preocupo por la renta o por la comida; ahora me preocupo por más cosas, como llegar más alto, sin tanto desmadre. Me preocupan mis nietos, corregir lo que he hecho mal tanto tiempo.

—Usted ha vivido ya demasiado en este negocio.

—Desde los tiempos de Caro, y todavía no me van a dar suelo… Yo he visto cómo han subido y bajado; ésa es la ventaja de que yo sí aprendí de cabeza ajena y no cometo los mismos errores que los hombres me ahorran cometer. Yo soy la jefa de la vieja y de la nueva escuela —se ríe—. No ha nacido otra como yo; no soy una reina, ni jefa, de ésas hay muchas y hay que reconocer. O como te dije, habemos muchas, para no quitar méritos.

—Pero ahora las cosas están más difíciles que antes; no se le golpeaba al narco como lo hacen ahorita…

—Sí, tienes razón; pero no les va a funcionar mucho tiempo. El día que la gente conozca y reconozca que la sangre llama más violencia; que jamás, óyelo bien, jamás van a terminar con las drogas y el narco, sino que ellas están terminando con nosotros; que a Calderón le vale madre que los asesinatos suban cada día más; y que somos todos responsables. Yo con mi gente y los políticos haciendo de las suyas, y la gente dejándose.

—No sé qué decirle, pero ese es el México de hoy…

—Ahorita toda la culpa es del narco, ¡qué poco alcance de la gente! Fueran chingaderas que por la sequía o las heladas también nos culparan.

—Tiene más experiencias qué contar, oiga… como sus armas que trae en esa bolsa, la bolsa de la mujer siempre trae todo; la de usted trae armas, además.

—Niño, estoy vieja y tengo mucho qué contarte, y sé qué decirte pero más adelante quizás. Y de mis pistolas… pues no me fío de mi escolta; a veces esto —toma la escuadra chapeada de oro y la hace visible un poco desde el bolso— puede ser la garantía de que más al rato siga viva. ¿Sí te conté que una de las queridas de mi actual marido quiso ponerse a mi altura?

—No.

—Quiso ser como yo, pero tengo años siendo la esposa y la puse en su lugar; a las esposas aquí en el narco no se les toca. Que entiendan que de queridas no pasan a menos que tengan mucha suerte, y si lo quiere por su dinero está bien, yo tengo el mío y tengo más. Si cree que es un rey, estás equivocada; lo dejo usar la corona —suelta una carcajada.

—Tiene mucho qué decirme.

—Sí, mañana, o un día de éstos —me da unas palmadas en la mejilla mientras se encamina con uno de sus guaruras—... A diferencia de muchos, yo sé que no soy eterna, y mientras llega el momento, yo a lo mío... Dices que los libros duran más; escribe esas letras, hazlas eternas para que, cuando falte, quede guardado.

Hijas del narco

"Soy la princesita de papá"

Sofía tiene 30 años, es una mujer alta, que vive desde hace 10 años en Ciudad Juárez. Se mudó para estudiar la preparatoria y después la licenciatura en la Autónoma. Habla inglés sin acento mexicano, "de tanto convivir con gringos". La vida de frontera no es lo que todos piensan, dice.

> Es un monstruo bueno y malo porque uno tiene sus vicios y además los gringos traen más. Otros vienen por atracción turística. Es una mezcla; no sabes cuándo eres tú o dejas de ser tú, solamente estás y mantienes tu orgullo.
>
> Es más la fama que tiene Juárez y la que le dan ustedes los periodistas o los que escriben. Uno vive tranquila y sabe a dónde meterse y cuándo no. El ser mujer en Juárez es ser mujer donde sea, todo depende de cómo lo quieras ver tú. A mí no me intimida que el que roba mujeres me vaya a matar, igual y me matan en la siguiente esquina. Es como en todos lados, ¿no?

Hija de un "empresario" de Juárez, la segunda hija de cuatro. "No soy la hija consentida pero sí la princesita de papá (ríe)". Opina

200

que crecer entre hombres la ha hecho ser más ruda y que ella no es como sus primas que "esperan a que se casen con otro narco o alguien que les dé la vida que tienen".

—¿Crees que eso te limita? ¿Estar rodeada de hombres te moldea?

—Yo creo que sí, pero tampoco te haces una machorra. Creces con hombres y sí tienes más carácter, pero también mi mamá me ayudó mucho a ser lista. Y, como te digo, mis primas piensan diferente a mí; yo puedo ser chola o trabajar; eso de estar en mi casa sentada bien arreglada para que te saquen a pasear o al *mall, thanks but is not for me*. Es allí cuando te limitan, yo no. Yo también estudié y te digo que estudié porque nos dieron la oportunidad de estudiar y no ir a calentar el pupitre.

—¿Qué estudiaste?

—Administración.

—¿Y la ejerces?

—Sí, la ejerzo en todo —se ríe—, le ayudo a mi mamá con los negocios y las casas que rentamos.

—¿Y cómo la ejerces en todo?

—Pues en todo —risas—, ya sabes, también en "eso".

—¿El narco?

—Sí, en el negocio. Eso quieres saber, ¿no? Tú pregúntame, directo y en confianza.

—¿Te viste alguna vez en esto?; es decir, porque es un negocio para los hombres y las mujeres, como ya dijiste. ¿Entraste sólo para estar bien arreglada y bonita?

—No me vi aquí, pero no sabes las vueltas que da la vida y aquí estoy.

—¿Te gusta?

—No hago nada que no me guste.

—¿Es difícil?

—Es como en todo, ¿no? No es normal, te la tienes que jugar y saber moverte, pero para eso uno estudia.

—¿Estudias para el narco?

—No seas chistoso, no. Para el narco no se estudia, aprendes en el camino, pero te digo que estudié porque en esto hay que saber manejarla.

— ¿Qué quieres decir?

—*I mean its hard times here in Juarez and is not easy for women.*

—Entonces es difícil.

—No, no... es saber jugarla, saber llevarla bien porque no es así de que un día te levantas con la idea de ser *narca* y ya; es saber con quiénes tratas, con quiénes te conectas. Por eso te digo que no es fácil, ahorita Juárez está muy peleado por todos; para mí quiero que Juárez sea de todos —ríe.

—¿Ser hija de un "empresario" te ayudó?

—Sí y no, eso es un arma de dos filos. Lo primero que me chingó es ser mujer; perdona la expresión, pero si te ven bonita y eres la hija de un jefe piensan que vas a ser como todas las hijas de narco y que tienes que obedecer solamente. O peor aún, ser la hija que se va a casar con el hijo de otro y así mantener una alianza, o de esas que sólo se quieren acostar y enamorar a alguien para que te mantengan, aunque esas son las queridas. Yo no, yo si quiero hago las cosas; si no, no. No soy una puta.

—¿Las hijas de narcos eso esperan?

—No, o sea, son las mujeres y las que yo conozco, y de cualquiera, pero las que crecimos dentro son las que quieren una vida así, fácil; pero yo veo más allá del dinero, veo estabilidad, y si un hombre no te la da, ¿entonces quién? Yo me la doy, sola; sí puedo; no necesito un hombre que me dé, además ya sabes que no vas a ser la única. Mis primas, ellas sí; digo, qué tontas, te lo matan mañana ¿y ahora qué? Brincarle al que sigue y llevártela así enviudando por dinero. *No, thanks that's not for me.* Aquí están las que trabajan y las que piden dinero; yo trabajo, no quiero que me estén dando ni dependiendo de un hombre.

—¿Por qué dices que es un arma de dos filos?

—Porque tienes un apellido y si es *contra* te desairan, pero también te abre puertas o te las cierra, así de fácil.

—¿Por qué te la cerrarían?

—Porque, como dice la canción, "huele a peligro", y eso aplícalo a todo.

—¿Cómo a todo?

—Al amor, a las amistades, al trabajo. Eres la "hija de o te apellidas tal" y eso puede significar mucho, pero no le podemos caer bien a todos.

—¿Es difícil abrirte paso en el negocio?

—Es como en todo, pero aquí abrirte paso también indica que te maten porque no te van a promover de un puesto a otro; aquí sí te cuesta. No porque eres bonita y te acuestas con el jefe ya tienes una dirección general en una empresa, nada que ver aquí. Puedes ser bonita pero vales madre, y tener una cara bonita no indica que eres chingona. Aquí trabajas o trabajas.

—¿Te puedes salir?

—No conozco a alguien que se haya salido; ya cuando estás viejo, pues yo he visto que te desapareces pero te siguen tomando en cuenta, o le dejaste la plaza a alguien pero no la sueltas, ¿sí me entiendes?

—¿Las mujeres se pueden salir?

—No, también se aplica igual.

—Y tu vida aquí en la frontera, que estás a un "brinco" de los gringos, ¿te ayuda en el negocio?

—Pues claro, por algo se pelean esta ciudad; no sólo pasan droga, se pasa de todo por aquí. La vida es más barata porque te brincas para el otro lado; además casi toda mi familia está allá: mis hermanos, mis cuñadas. En la frontera hay muchos de aquí y de todas partes.

—¿Cómo le haces para estar allá y acá?

—Nunca dejas México, nunca dejas de ser mexicana; o sea, al principio sí vas y te compras ropa porque allá es más barata, pero igual y todas tus amistades de gringos o hijos de mexicanos que viven allá se vienen a México porque aquí haces lo que quieras. Y allá estoy yo, y mis amigos y mi familia, pero aquí en México también. Soy el contacto allá.

—¿Le ayudas a tu papá?

—Pues no es ayudar, porque yo hago lo mío. Nos entendemos —ríe.

—¿Cómo terminaste en Estados Unidos?

—Primero ya teníamos tíos allá por parte de mi mamá, que se dedicaban a esto y a pasar autos robados acá de este lado a México; íbamos y los visitábamos cada fin de semana o al menos cada mes. Mi papá empezó pasando droga en los autos; él los arreglaba y los equipaba. Había otros que los pasaban al otro lado, pero te estoy hablando de aquí de México para allá. No te diré que solamente esta ciudad porque se pasa por toda la línea. Nos mudamos un tiempo a Estados Unidos, cuando estaba por salir de bachillerato pero seguía viniendo a México a la escuela.

—¿Por qué no intentaste quedarte en Estados Unidos a estudiar?

—El otro lado está lleno de gente de aquí y aun los que nacen allá se vienen a estudiar a este lado, es más barato.

—Pero si tú te podías costear la escuela, ¿por qué no te quedaste allá?

—La verdad, porque está más difícil. Los gringos te ven deficiente porque vienes de México, aunque el maestro que te dé clases sea un mexicano con muchos años viviendo allá, o sea, nacido allá; además, estaba en la prepa y mis amigos, mis fiestas, todo acá en el otro lado, si te cruzabas en las noches era para ir a los bares. Como te dije, aquí en México todo se puede hacer; hasta los gringos vienen acá.

—Háblame de tu posición en los "negocios" en el otro lado, ¿es difícil?

—Ya te dije, nada es fácil, te cuesta más, y si eres mujer ya te dije por qué. Acá yo empecé con cuentas en el banco para mi papá; me matriculé en la universidad pero no iba, era sólo una pantalla, y cada fin de semana atravesaba el puente y llevaba poco dinero porque en eso de pagar se te va todo lo que inviertes y no sales ganando. Aquí ya pones tu negocio, de ropa y perfumes, y como vives en Estados Unidos ya los traes más baratos, y no te sospechan tanto porque de que saben a qué te dedicas lo saben; el gobierno lo sabe.

—¿Te toca vender droga?

—No, yo no estoy para eso; yo hablo por teléfono, voy y dejo dinero o algún "paquete", pero de que yo la ande vendiendo no. Vete a los bares o a los *table dance* o a una colonia, entonces allí sí encuentras señoras o más jóvenes que yo *tirando*.

—¿Qué opinas de ellas, de las que *tiran*?

—Pues es un trabajo, ¿no? Haces dinero fácil pero arriesgas más. No creas que la tienen fácil; se apadrinan y pagan para que no las agarren como a las prostitutas.

—¿Sólo en México se da el caso de la corrupción o en el otro lado también?

—En todos lados, mi rey, sólo que acá no se habla tanto, y si tratas con uno de la *migra* es un precio y el de aduana es otro, y si es mexicano es una cosa, si es chicano es otra y si es gringo es otra. Pero es lo mismo. Aquí también te cuidan porque si no a ellos los corren; yo me hago testigo protegido o hago una llamada y los *pongo*, y ni cuenta se van a dar de todo lo que quieren. El gringo, con hacer su trabajo y ganarse ese dinero, porque dice que él se lo ganó, eso es, digamos, válido para ellos; no le importa cómo pero él hizo su trabajo, él se lo ganó.

—Y en ese ambiente de hombres ¿cómo te sientes tú?, ¿menos o más?

—Me siento yo, y yo me mando; una cosa es cooperar y otra es quedarte con la cabeza agachada. No me siento más porque yo creo que las que estamos dentro de esto sabemos qué posición nos toca; no es como los hombres que con una pistola ya se creen el mejor sicario o se sienten bien machitos y quieren comerse medio mundo. Se ofenden muy fácil, más que una mujer; tengo cuatro que trabajan para mí, y sí se les dificulta.

—¿Me quieres decir que a la mujer no se le sube el poder?

—Se te sube el dinero, que es diferente; te da por gastar si no tienes hijos. Si los tienes lo ahorras para ellos o para tu familia, quién sabe qué te depare el futuro; pero el poder no, no te quieres comer el mundo porque el mundo te puede comer a ti por *tirártela* de algo que no eres.

—Novios, amantes, amigos con derecho… ¿se puede aquí?

—O sea, ¿crees que el narco es diferente? No, sí se puede, todo está en ti; si quieres puedes, pero hay que saber jugarla, así te la voy a poner. A mí me ven como difícil pero no por ser hija de quien soy, no; o se hacen esa idea. Pero no sé, soy diferente a las otras. Todo a su tiempo.

★　★　★

Narcofresa

"Yo no soy narca, güey […] y ya"

Andrea, 24 años, nacida en la frontera, hija de mexicanos, tres mujeres y un hombre como hermanos. Las mujeres, mayores que ella, y el hermano, el menor. Sus papás no se dedican a "esto". Su aspecto es de estudiante "fresa"; dejó la universidad.

"Te juegas la suerte a cada rato. En El Paso también está revuelto como aquí, en Juárez, pero más calladito y sabes quién es quién, al menos entre nosotros."

Entró al narcotráfico por su novio "alternativo, raro", fanático de la música electrónica y *raves*. Su manera de trabajar es por medio de las fiestas, los antros y las escuelas. Y tiene "de todo".

Lo que me pidas te puedo dar; si quieres que se madreen a alguien lo hacemos. Yo te pongo con esa "gente". Si quieres pastillas tengo, mota también, coca, cristal, gas… todo. Hay pastillas que aquí se compran bien fácil y allá las vendes y sacas más dinero porque, o ocupas por ser mayor de edad, o que el médico te las recete.

Su novio no vendía pastillas ni drogas; él simplemente las usaba. Es hijo de una familia adinerada de Ciudad Juárez.

[Pero] una vez estábamos en un antro y me dio a guardar sus pastillas "homeopáticas"; las metí a mi bolso para entrar, pero no eran

206

homeopáticas, güey; bueno sí, porque te ponían *high* [ríe]. Y cuando entramos al antro todo fácil y estaban todos sus amigos y amigas, y me dijeron "saca el frasquito", y yo lo saqué y se lo empezaron a pasar; pero hubo otros, que ni invitados estaban, y pidieron y me dieron dinero. Al principio dije "no, yo no vendo esto", pero no fue uno el que se me acercó; fueron más de cinco. Me gustó eso y me quedé.

Lo más difícil es llevarte las pastillas o cualquier cosa al "otro lado"; no es fácil como piensan todos; si no tienes alguien que te proteja, te la tienes que jugar: en el perfume, en el maquillaje… donde puedas, y como somos tantos los que vamos y venimos no te revisan bien a veces.

—¿Cómo lo haces en El Paso?

—Igual, en los *nightclubs*, en fiestas más que nada; cuando son en departamentos es más fácil porque van personas de todo tipo, hasta menores de edad. Si ellos quieren, yo les doy, no es mi problema.

—Qué opinas de las mujeres que hacen lo mismo que tú y que están casadas con un narco, ¿son iguales?

—No, no es igual; yo no me considero *narca*; están las mantenidas, las amantes, y están las que trabajan, no confundas eso. Yo lo hago por *hobbie*; he trabajado en *malls*, en cafés, pero esto me ha dejado más y aquí sigo; si no, pues ya hubiera dejado esto, ¿o no crees? ¿Quién se queda en algo que no le da? Nadie, güey.

—¿Qué esperan las mujeres del narco?

—¡Ay!, no hay que esperar nada, si te metes con un narco pues te van querer tener encerradita y ya, pero no, yo salgo a divertirme, y te digo, yo no soy *narca*, güey —ríe—; hago mi dinero y ya.

—¿La frontera qué te dice a ti?

—Pues nunca ha sido frontera para mí, voy y vengo, si quiero; además, aquí somos muchos de todas partes. Mi familia está en El Paso, toda; tengo muy poquita familia acá en Juárez.

—¿Ser mujer te ayuda?

—Te ayuda, te estorba, te salva, te condena… todo, güey; es como cualquier trabajo.

—¿Solamente vendes pastillas y químicos?

—También traigo dólares, y te consigo lo que quieras, pero eso depende dónde estemos. Si estás allá o estás aquí, en Juárez.

—¿El poder de la mujer en el narco es poco o es mucho comparado con el de un hombre?

—En fuerza sí, es más fácil que ellos maten, pero tengo amigas que hacen ese trabajo, y si ser bonita te da poder —ríe de nuevo—, pues muchas somos poderosas. Eso te hace el favor y si estás armada más.

—¿Usas pistola?

—No la he necesitado, pero sí tengo una en mi departamento.

—¿Dónde hay más corrupción, en México o en Estados Unidos?

—Hay más en México, pero allá también. En todos lados hay, es lo que más deja, yo creo. Si no eres narco hazte corrupto de cualquier lado y te dejará tus buenos billetes.

—¿Tu familia sabe lo que haces?

—Creen que soy una *highper* o *jonkee*, que tengo malas amistades. Sí, a veces me pongo *high,* pero no todo el tiempo; y como no les pido dinero… No vivo con ellos desde que me fui a estudiar a la universidad.

—¿Por qué dejaste la escuela?

—No la dejé, me di un tiempo, de disfrutar, de irme y de ganar mi dinero. Lo que he ganado lo invierto en mi auto y en mi departamento; todo poco a poco; irme a *raves*, de viaje, todo; porque si no, te matan en las fiestas o a lo mejor ya te agarran, o sea, no, qué horror, mejor hay que disfrutar; eso digo yo.

—¿Novios, amantes, amigos con derechos?

—Tengo mi novio pero no se dedica a esto.

—¿Qué hace?

—Su papá es de familia bien, pero a él le gusta lo que tengo y consigo.

—¿Es más fácil para ti conseguirlo?

—Sí, es más fácil; más porque saben que no dirás "anda a ver a quién se la compras". Y además pasas al que se la venden, al que se la compras, y él me las pide y se las vendo; nada de que soy la novia, eso no; si no que se consiga otra novia y ya.

"Era la luz de mis ojos"

Era la hija mayor, de tres, de la primera esposa de su papá. No se decidía estudiar entre agronomía u otra carrera. Total, las tierras de su papá le serían útiles en algún momento. O administrarlas también. La única hija entre otros hijos más de las otras mujeres de su padre. Y decía "mujeres" a las otras porque su madre fue la que lo llevó al altar y "esa es la esposa, la oficial, la que es aprobada por Dios", la consentida y querida por sus hermanos, sobre todo por el mayor.

Creció con lujos pero sin ser malagradecida. Se crió en un rancho como lo hizo su papá, que tiene ya más de 20 años en el negocio de la mariguana, los tráilers y los viajes a Estados Unidos. Estudió en los mejores colegios de Sinaloa y después en la capital. Ella se sentía dueña de su papá, a todos lados iba con él desde chica, incluso con las otras mujeres que eventualmente conocían a sus hermanos. Aprendió a manejar a los 13 años, y a los 15 le dieron su camioneta, para que ya no necesitara chofer. Iba a fiestas del negocio, de su familia, en Culiacán y en Guadalajara, y en otras ciudades.

No era una buena estudiante, sólo le importaba pasar las materias. Pero nunca se consideraba ignorante; si no sabía la respuesta era honesta: "No lo sé", y se mantenía en silencio escuchando la respuesta. Y opiniones no las daba, ¿para qué?, ¿para quedar bien, y no saber de qué se habla? Pero todos los días leía el periódico, miraba las noticias. Se sabía las claves de los traileros. No todo era chueco en los negocios de su padre. Tiene una flotilla de tráilers que van hasta Estados Unidos. También otras empresas legales. Era la forma de manejar las cosas. Donde ella aprendió con sus hermanos a pilotear avionetas, por diversión y por trabajo. Lo cual terminó por empujarla a agronomía.

Su mamá se preocupaba por ella porque era femenina, pero no lo suficiente; aquella quiere que su hija encaje con las hijas de sus amigas, entre sus amigas de sociedad, "pura crema". Terminó tomando clases de etiqueta, que poco aplicaba. Le gustaban los jeans, y las faldas largas y holgadas; eso sí, sin enseñar mucho porque su papá se enojaría. El señor se molestó cuando se pintó el cabello de rubio. Terminó oscureciéndolo de café y cortándose el fleco. Lo cual no le agradaba al señor. Fue cuando se dio cuenta de que tenía que hacer algo para que su papá no se enfadara tanto; tenía presente que "soy la consentida pero no la malcriada".

Una de sus mejores amigas andaba a escondidas con un trabajador de su papá. Uno de sus escoltas. Él la respetaba porque era la hija del patrón, pero no le enseñaba a usar armas como a su novia. Su papá se enteró de su interés por las armas y le dijo: "¿Conque quieres aprender? ¡Éntrale!", le aventó una escuadra, y se la llevó con sus otros hermanos a practicar. Pero el señor no quería que su hija estuviera rodeada de armas porque no era asunto de una mujer, y menos de su hija. Pero ella sabía manejarla bien; decía que "cuando las cosas están hirviendo, o le bajas y controlas, o le subes y evaporas de una vez". Junto a su amiga siempre comentaba que iba a "ser una chingona", como su papá, incluso mejor, porque su mamá le había enseñado otras cosas, "que sólo las mujeres saben".

Dentro de todo, sabía que el dinero también tenía dos filosofías: compartirse y ahorrarse. Compartirse porque "es mejor que quede entre los tuyos y la gente que quieres, a que se la quede el gobierno". Era consciente de que "el dinero no te lo regalan y del cielo no llueve". Sus inicios dentro del narcotráfico fueron muy tempranos, y ser la hija de un *pesado* causaba risas que terminaban en admiración. Iba a sobresalir entre sus hermanos y por ella, porque "hay que pensar frío cuando de ti se trata porque el golpe no sabes de dónde va a llegar". Una vez que ingresó a la escuela ella sola se mantenía, siempre con un perfil bajo, sin alarma ni lujos. Y si tenía que "atorar" a alguien ella y su amiga se apuntaban solas. Discretas, mansas y astutas. Eran las dos que se sentían grandes, sin pisar a nadie cuando subían. Y consciente de los errores de los hombres, el único lugar que se encontraban donde se ponían a actualizar sus datos era en casas diferentes. Y días después de haber hecho algo juntas, pero nunca el día de la "obra". En público eran perfectas extrañas pero eran amigas, socias y hermanas, aunque no de sangre. Confiaban mucho entre sí. Era así porque a "diferencia de mis hermanos, que siempre están con sus *huelepedos*, ellos se meten en problemas, el chisme se hace grande nomas están juntos. Y si quieres a alguien no los metes en problemas, al menos yo no. Es como si Claudia se mete en problemas y después me jala a mí, o yo la meto en mis problemas, y son *eme, i, o, ese,* no de nadie más". El sarcasmo era propio en su humor, y era rebelde porque lo utilizaba con sus allegados; pero todos sabían que era así: "el que se enoja pierde".

Una de las herederas de un negocio de hombres tenía que ser recta en todo. "Entrona" para viajar porque había cosas "que las tienes que hacer tú si quieres que se hagan como tú las planeas; otros no te entienden, no piensan igual que tú", por eso se animaba a tomar una de las avionetas para fumigar y aterrizarlas en el desierto, arriba del estado de Sinaloa. Y su actuar era "ir a lo que vas, trabajo y para atrás". Sabía que la gente con la que trataba quería pasarse de lista con ella por ser mujer, pero también aquellos que estaban allí y "pintaban todo bonito para caer mejor", por ser la hija del patrón y, en sus mejores logros, por ser ella y caer bien a la que manda. Su gente la respetaba y ella los respetaba; pese a eso, entendía que no podía confiar del todo en sus trabajadores, que algunas veces "no dicen la verdad, te dan por tu lado y eso no me gusta; no me ayuda que me den por mi lado".

Después de una Semana Santa, al festejarse los 50 años de su papá, fiesta a la que ella nunca faltaba, ahora sí se ausentó. Su progenitor siempre apoyaba a sus hijos y les decía: "Tú naciste para eso". Hoy le gustaría que fuera diferente.

Un día antes de su cumpleaños mataron a su hija al ser confundida por el auto que manejaba. "Yo sé que mi hija no tenía problemas;

me enseñó más cosas, fue más recta que yo, más 'trucha'". Sabía que lo iban a golpear atacando a sus hijos "pero nunca pensé que por ella me llegaría el golpe. No con ella. Los otros cabrones sí son más problemáticos, ella no lo fue". Una mercancía perdida, un dinero perdido y un malentendido por hablar con la persona incorrecta le causó la muerte a su reinita. "Y sabían que era la luz de mis ojos, y la única forma de dejarme ciego era quitármela a ella", confiesa su padre entre lágrimas que no hacen el esfuerzo por quedarse en los ojos.

9

Territorio *Chapo*

Jorge Abel Guerrero Velasco

> ¡Seguí, durante meses enteros, igual que vacadas
> histéricas, el oleaje al asalto de los arrecifes,
> sin pensar que los pies luminosos de las Marías
> pudiesen forzar el hocico de los océanos asmáticos!
>
> *El barco ebrio* (fragmento)
> Arthur Rimbaud

De una temporada en el infierno

Durante varios meses de 2009 me dediqué a seguir la pista de una comunidad de narcos de la cual había escuchado en pláticas de parroquianos cuando visitaba una ciudad del centro de Sinaloa. Eran historias inverosímiles acerca de un remoto poblado en las montañas donde, según decían los hombres, "aún se vivía y se comía de lo que te daba la naturaleza" y "parecía que el tiempo se había detenido"; una suerte de cápsula del tiempo.

De inmediato estos comentarios despertaron profundamente mi interés, y tras una serie de largas tribulaciones e ingentes peripecias, finalmente mis contactos me trasladaron al referido lugar que se encuentra enclavado entre pasmosos cerros de la impenetrable sierra sinaloense.

El objetivo de conocer y analizar esta comunidad era muy importante, puesto que ya es difícil encontrar zonas que no estén contaminadas por la dinámica social urbana de Sinaloa. Me habían contado muchas historias acerca del ascetismo y de los usos y costumbres que regían aquella zona y que pude constatar posteriormente que eran reales. Sin embargo, en el periplo descubrí que la base estructural que históricamente había sido organizada en torno al jefe o capo (obviamente con una marcada característica machista y paternalista) comenzaba a sufrir un proceso de cambio; en este sentido no podría afirmar que es del todo una sociedad anacrónica, tradicional y esencialista, puesto que ya presenta matices interesantes, en el sentido de que de manera paulatina comienzan a experimentar un choque generacional de valores. Por una parte, el que se refiere al mantenimiento de las añejas tradiciones (representadas por los viejos narcos de la comunidad) con los nuevos valores (representados por una naciente y pujante generación de jóvenes narcos), lo cual se comienza a reflejar en pequeños conflictos que parecen ir en aumento, y aunque los hombres son quienes principalmente los protagonizan, las mujeres jóvenes llegan a formar parte de ellos y, en algunos casos, incluso a generarlos.

En este sentido, el rol de la mujer llamaba mi atención; la movilidad social de las féminas dentro de la comunidad es el que se hacía más evidente, pues tradicionalmente sólo se les consideraba dentro de las cadenas más bajas o de menor importancia en la división social del trabajo narco, aunque en los últimos años parece que esto ha comenzado a cambiar. Al parecer, en algunos casos pretenden llegar a los espacios más altos en la pirámide del poder en la comunidad. Se puede decir que en buena medida las mujeres comienzan a desempeñar un papel más activo dentro del grupo social.

Finalmente, el estudio de esta comunidad era muy antojadizo, particularmente por ser un lugar donde aún se puede observar, analizar y entender el *habitus*[1] y las condiciones sociales y estructurales

---

[1] El sociólogo Pierre Bourdieu define el *habitus* como "un sistema de disposiciones durables y transferibles —estructuras estructuradas predispuestas a

del paso de un tipo de sociedad tradicional a una que podríamos nombrar posmoderna respecto a otras comunidades sinaloenses donde —como ya decía al principio— se han ido desruralizando más aceleradamente.

EL PRIMER ACERCAMIENTO

A finales de noviembre de 2009 me invitaron a una pequeña comunidad de narcotraficantes en lo alto de la sierra sinaloense. El motivo: una modesta fiesta en la que habría carnitas asadas de venado y algunas cervezas. Mi primer acercamiento con el anfitrión —llamémosle Hermes— había sido a través de un oriundo de otra comunidad cercana —al cual nos referiremos como Orestes—. Unos meses antes, el 10 de noviembre de ese mismo año, durante la celebración del santo patrono de un municipio del centro de Sinaloa, Orestes me había presentado con Hermes. Durante el tiempo que antecedió al banquete, fui ganando la confianza de ambos hombres hasta que, sin yo pedírselos, decidieron invitarme a un poblado aíslado en la sierra, una comunidad narca.

UN LARGO Y SINUOSO CAMINO

Me habían dado instrucciones previas sobre cómo llegar al lugar y decidí ir en mi propio auto; me interné en la carretera desde el puerto de Mazatlán hasta arribar al destino señalado. Después de haber manejado por más de cinco horas noté que, conforme avanzaba, el camino se hacía más sinuoso y estrecho: me habían advertido que habría de pasar por una zona de constantes accidentes automovilís-

---

funcionar como estructuras estructurantes— que integran todas las experiencias pasadas y funciona en cada momento como matriz estructurante de las percepciones, las apreciaciones y las acciones de los agentes de cara a una coyuntura o acontecimiento y que él contribuye a producir" (Bourdieu 1972: 178).

ticos. Recuerdo que, en ocasiones, al avanzar por las pronunciadas curvas coincidía con el ir y venir de enormes transportes de carga que recorren esa zona; además, buena parte del camino se recorría cuesta arriba, en algunos puntos en descenso y nuevamente en ascenso. La temperatura bajaba muy rápidamente; en cuestión de minutos había pasado de un clima tropical a uno de tipo invernal. La vegetación también se tornaba diferente; el olor de los pinos que estaban al lado del camino perfumaban el ambiente. Cuando finalmente bajé de una pronunciada loma, observé unos autos estacionados sobre un descanso al lado de la carretera; ya me esperaban mis anfitriones. Orestes y Hermes me saludaron rápidamente, y sin mediar muchas palabras me pidieron que los siguiera. Avanzamos por alrededor de unos 30 minutos más y por fin llegamos a una pequeña comunidad de no más de 150 habitantes.

TODA LA SIERRA ES TERRITORIO EL CHAPO

Una vez que me encontraba en la comunidad narca, la impresión de estar en medio de la nada la podía sentir en los poros, en la respiración, en el alma. Si uno está allí es porque ellos lo han deseado así y sólo ellos saben dónde se está, nadie más. El primer círculo de seguridad se halla en la veintena de poblados que se localizan sobre la carretera, antes de llegar a la comunidad de mis anfitriones; espías y pistoleros encubiertos se esparcen entre la gente de las entradas de las sindicaturas.

Una vez ahí el siguiente cordón de seguridad son un depósito de cervezas y un pequeño restaurante que en realidad son casetas de vigilancia similares a las de una prisión. Si por casualidad o deliberadamente algún turista perdido o aventurero se acerca demasiado, se envía a un grupo de niños de entre seis y 10 años que comenzarán a interrogar al desbalagado: "¿Cómo te llamas?, ¿qué haces aquí?, ¿qué buscas?, ¿con quién vienes?, ¿qué quieres?", etcétera. Algo que comúnmente se oye por estos lares es una frase que emula un *jingle* de la principal empresa de telefonía celular que hay en México —"Todo México es territorio Telcel"—, en voz de un oriundo sierreño. Una vez que entras en estos lares deberías saber que "Toda la sierra es territorio El Chapo Guzmán".

ADAPTACIÓN CON RESPECTO AL ESPACIO

La comunidad está bastante alejada de la cabecera municipal; por la tarde, aún con luz del sol, el frío se intensifica minuto a minuto y hay que protegerse. La mayoría de las casas cuenta con chimenea para calentarse; en el lugar no hay señal de celulares y sólo se puede ver uno que otro canal de televisión abierta, por eso utilizan servicios de televisión satelital y radios de largo alcance para comunicarse. No hay hospitales ni instituciones de salud, únicamente una especie de dispensario con medicinas básicas. No hay escuelas; la más cercana está a una hora y media de camino; es una zona de difícil acceso por tierra y por aire. Hay una iglesia, una cancha y un salón de fiestas. Cuentan con una planta potabilizadora, bombas de agua y drenaje que la misma comunidad ha financiado; sólo la energía eléctrica es provista por la Comisión Federal de Electricidad.

Los individuos de esta comunidad han logrado adaptarse tanto a las condiciones climáticas adversas como a las de la falta de urbanización; se han integrado con base en una búsqueda de metas comunes inherente a su agreste entorno. Esto le aporta una fuerte cohesión a su sistema social.

LA BIENVENIDA

Llegamos a una pequeña casa de madera. En el patio había algunos hombres que asaban las carnitas, mientras unas mujeres de edad ya avanzada preparaban tortillas en un comal y picaban verduras; me saludaron sin acercarse. Los hombres eran bastante rudos y sólo murmuraban entre ellos; el promedio de edad del grupo era de aproximadamente 60 años. Orestes me invitó a pasar a una mesa formal donde me sirvieron el *cochi tatemado* acompañado de unas cervezas bien frías. Como panorama, la cabeza de un venado recién sacrificado descansaba sobre una ensangrentada tabla de madera de pino rústica. Recuerdo muy bien los ojos de ese venado, que ya tenían ese aspecto nublado de muerte que se acumula en tonos grisáceos.

HOMBRES DE LA TIERRA

Hermes, mi anfitrión, era un tipo estatura media, ojos claros, piel muy blanca, cara recia y rojiza; recuerdo que la primera vez que lo saludé, su presencia me resultó avasallante; los callos en sus manos rasparon violentamente las mías. Es un hombre de actitud parca y seria. La vestimenta tanto de Hermes como la de los demás no podía ser más reveladora: botas de piel de avestruz, cinto piteado, camisas de seda desabotonadas, jeans apretados y cara de valentones y pocos amigos.

La mayoría de los oriundos del pueblo es gente de piel blanca; se puede apreciar en sus semblantes un aspecto tosco y rural; los hombres, las mujeres y los niños se ven curtidos por el trabajo, quemados por el frío intenso; gente de esfuerzo, callados y golpeados por su destino; la sierra es un lugar difícil para vivir.

Hacía algunos meses —contaba Hermes—, un niño murió por un piquete de alacrán; no alcanzó a llegar al hospital de la cabecera municipal, fue un duro golpe para la comunidad. Aquí la comunidad sufre por cada uno de sus miembros, lloran sus desgracias, entierran a sus muertos, ríen juntos, disfrutan la riqueza de su tierra. Son una familia grande.

LA FIESTA

Decía Octavio Paz que el mexicano huía de su soledad a través de las fiestas. Aquí en la comunidad no es la excepción; las fiestas le dan sentido a la colectividad, la distrae de su aislamiento del mundo, de la lucha que libran desde muy temprano para ir a trabajar a la cooperativa o a la cosecha en los recovecos de las montañas; durante todos los días de la semana. Aquí no hay lugar para los débiles. La fiesta es un ritual que cumple la función de quitar la tristeza, de darle un sentido al mundo y de olvidarse de la soledad.

Durante el tiempo que duró la fiesta sólo Hermes y Orestes conversaban conmigo, a pesar de que el primero me había presentado a todos los asistentes, que por cierto, como seis de ellos, eran hermanos suyos. Rara vez crucé palabra con alguno; ni siquiera volteaban a verme. Por otra parte, mientras los hombres comíamos y tomábamos cervezas, las mujeres sólo se ocupaban de atendernos, hacer tortillas en el comal y aguardar en la cocina.

Pasaron varias horas, y llegada la medianoche uno de los hombres de aproximadamente 25 años (el más joven de todos), ya un tanto ebrio hizo una insinuación a una de las mujeres que estaba en la cocina, lo que suscitó una riña entre varones. Hermes se levantó de su asiento, me pidió que lo disculpara y cuando volteé, veo cómo le pide a los demás que dejen de pelear, pues él se haría cargo del asunto. Posteriormente le ordena al "joven acosador" que salga de la cocina hacia la calle. El muchacho obedece, y en menos de un minuto cae al suelo por una serie de golpes que Hermes le propina directo al rostro, y que le propició la pérdida de uns pieza dental. "¡Mañana hablamos!", le advierte.

Después del altercado, Hermes regresó conmigo, me ofreció disculpas por lo sucedido, despidió a los demás y dio por terminada la fiesta. Posteriormente ordenó a un par de hombres que me acompañaran a una cabaña con chimenea. "¡Que tenga buenas noches!", exclamaron efusivamente.

Obviamente no podía dormir; en mi memoria estaba el momento en que le tumbaron el diente al muchacho; la adrenalina aun recorría mis sentidos. De pronto escuché ruidos de motores, de arrancones. Podría parecer normal, pues la cabaña donde me hospedaron estaba sobre la carretera de acceso al pueblo; sin embargo, por las noches es raro que pasen autos por esa zona. Minutos después escuché música; se trataba de los denominado narcocorridos:

> Joaquín Loera
> lo es y será
> prófugo de la justicia
> el señor de la montaña
> también vive en la ciudad
> amigo del buen amigo
> enemigo de enemigos
> alegre y enamorado
> así es Loera
> lo es y será
> por eso el azul del cielo
> desde lejos lo protege.

Era *El señor de la montaña*, una canción de Los Canelos de Durango. Me asomé por una ventana; había cerca de una veintena de adolescentes y jóvenes, de 16 a 25 años, quienes por las noches piden permiso a sus tatas para salir rumbo a la carretera federal en autos deportivos de lujo a dar la vuelta. Algunos hurtan botellas de whisky de sus propias casas y juegan a arrancones y carreras; la emoción de meter el acelerador hasta el fondo dura lo que mide el único espacio carretero en recta que hay cerca (alrededor de medio kilómetro entre una curva y otra), la cual utilizan como pista. Los jóvenes, a diferencia de los adultos, son mas abiertos en el trato; su vestido es más urbano y son más propensos al consumo de marcas y a la asunción de formas de vida ligeramente desenfrenadas. Sin embargo, por el día todos deben obedecer y cumplir con las tareas y las obligaciones morales que exige la comunidad.

220

LAS LETANÍAS DE SATÁN (CONOCIENDO AL SEÑOR NARCO)

> Mientras descendía por ríos impasibles,
> sentí que los sirgadores ya no me guiaban:
> pieles rojas chillones los habían tomado por diana
> tras clavarlos desnudos en postes de colores.
>
> *El barco ebrio* (fragmento)
> ARTHUR RIMBAUD

Durante los días que pasé en la comunidad noté que querían saber todo de mí, así como qué tan confiable podía ser. Cada vez que me interrogaban lo hacían con cierto aire de prepotencia; hubo ocasiones en que sentí escalofríos en el cuerpo, y que lo único que me motivaba a seguir era la noción de querer saber, esa maldita curiosidad innata que a veces sientes que es la única que le da sentido a la vida, pero que a veces entiendes que puede ser tu desdicha.

Finalmente, después de haber contado miles de veces mi historia de vida, un día un hombre al que no había visto en la comunidad se me acercó y comentó: "Hay alguien que lo quiere conocer, lo espera allá adelante". Sentí adrenalina, un frío recorrió mi cuerpo. Dilatación de pupilas. Caminé hacia el frente; sólo había una camioneta. Vi bajarse los vidrios polarizados y una mano en señal de "súbete". Una vez dentro, un hombre fornido y con tono de pocos amigos me dijo: "Lo voy a llevar a un lugar"; pude observar que estaba armado y que dentro del vehículo había más armas, las ya clásicas *cuernos de chivo*.

Llegamos a una casa apartada en la sierra, me bajé y avance unas escaleras; la puerta estaba abierta. Adentro ya aguardaba mi anfitrión.

Nos presentamos, me saludó parcamente; la habitación era algo oscura, el hombre frente a mí no rebasaba los 45 años. Se escuchaba un tanto sereno, me ofreció un tequila, me preguntó mis datos y mi profesión; fui sincero, aunque percibí que por ratos dudaba de mis palabras. Hablamos de lo difícil que era vivir en ese clima. Aunque él dirigía la plática y los temas, yo trataba de saber más de él. Después de una hora de platicar de alcohol y de mujeres, se acercaba lo inevitable, jugándome una contra la suerte le pregunté a rajatabla: "¿Para qué cártel trabaja? No me respondió. Insistí y expresó: "Para *el Chapo*".

El nombre de mi anfitrión no lo sé con certeza. Para efectos de nombrar su presencia, de humanizarla, diré que se llama Maximiliano. A leguas se le reconoce dominante y sagaz; denota su origen humilde, aunque a veces parece disimularlo. No viste igual que los demás; es más "fino" en sus ropas, impone su presencia, te roba la iniciativa al hablar, se le observa seguro pero con cierta mirada de persecución. Hombre hermético; aunque distinguí cierta proclividad al reconocimiento social y a ser escuchado por un extraño que lograse entender sus actos sin juzgarlo con el componente moral.

Fue una plática breve; sin embargo, logré captar el sentido de su mensaje; no busca la redención sino cierta cercanía de su verdad con el mundo civilizado. En cierta forma, desea legitimar sus actos. Hablamos acerca de algunos temas sobre el gobierno. Me interesaba saber qué pensaba de éste, cómo lo percibía, qué relación tenían con él. Pero rescato un hecho que creo puede ejemplificar mejor lo que afirmó con palabras: en el momento en que habíamos terminado nuestro encuentro, se ofreció a llevarme de nuevo a la comunidad, pues ya anochecía. Nos subimos en su camioneta y justo cuando íbamos llegando al poblado, al paso nos salió un convoy del Ejército mexicano. Pensé que habría una balacera. La presunción de un enfrentamiento me secó la frente, volteé a ver a Maximiliano, creí que sacaría el arma que traía amagada a la cintura… Por el contrario, sacó una mano en señal de saludo, los soldados hicieron lo mismo. "¡Buenas tardes señor!" y lo dejaron pasar sin más ni más.

LAS FLORES DEL MAL

Durante muchos años los hombres de Maximiliano se han dedicado al cultivo de enervante ilícitos; es algo generacional. Incluso, antes de que él naciera sus padres y sus abuelos ya lo hacían como una forma legítima de ganarse la vida. En el pasado era común ver a los hombres plantar sus parcelas de mariguana y amapola, al igual que otros cultivos tradicionales. "Nadie se agüitaba, oiga", me dice uno de los ancianos, pero todo cambió a partir de finales de los años setenta del siglo pasado, con la denominada Operación Cóndor,[1] la cual causó mucho sufrimiento en diversas comunidades rurales de Sinaloa, obligó a un éxodo masivo de personas a las zonas urbanas y de alguna manera modificó el estado de cosas de los pueblos y las sindicaturas.

Los ancianos cuentan historias de hermanos, esposas, amigos e hijos desaparecidos por el ejército; tal vez de ahí surgió cierto resentimiento hacia el gobierno, hacia la política formal, hacia las instituciones de la República. Por tal, hoy en día el cultivo de la amapola se ha vuelto más difícil, tanto por las condiciones naturales de la sierra como por los operativos constantes. Los hombres del lugar comentan que la siembra y la cosecha de amapola y mariguana exige una gran cantidad de trabajo; hay que levantarse muy temprano y regresar con el ocaso a las espaldas.

Ambas especies requieren muchos cuidados, sobre todo la amapola, pues aseguran que es una planta muy sensible. Esto implica que hay que sembrarla a cierta altura en zonas escarpadas en las montañas, aisladas de la vista de extraños y —claro— de las fuerzas castrenses. Por lo regular se siembra primero un cultivo de maíz, posteriormente el de amapola junto al primero y así sucesivamente, de tal forma que la amapola sea camuflada y no se vean claros a lo lejos ni por aire. Por lo regular la amapola llega a medir entre 60 y 80 centímetros de altura, y produce una flor preciosa que puede

---

[1] La Operación Cóndor fue una incursión militar del gobierno federal en el denominado Triángulo Dorado que comprende los estados de Sinaloa, Chihuahua y Durango en 1977. Alrededor de unos 2200 elementos del Ejército llegaron a la región de Sinaloa, penetraron muchas comunidades rurales con el objetivo de capturar narcotraficantes, erradicar cultivos ilícitos y restaurar la seguridad pública.

ser roja, blanca, morada, rosa o anaranjada. Es demasiado vistosa; logra embelesar la mirada con su belleza, que se torna prohibida y que hay que ocultar.

Conforme se desprenden los pétalos de la flor, los campesinos saben que es el momento de la recolección de la goma; para esto es necesario cortar o rayar el bulbo. Para extraer el líquido lechoso se requieren manos pequeñas y sensibles, como las de los jóvenes. Regularmente este proceso se lleva a cabo durante las horas de la tarde, luego se deja hasta el día siguiente para recoger el "néctar puro" que puede pesar entre tres y cinco gramos por cada planta.

Antaño, el ciclo de reproducción llevaba cerca de seis meses; en la actualidad sólo necesitan la mitad de ese tiempo para producir los bulbos, pues se ha mejorado la semilla. Sin embargo, la amapola es un cultivo transitorio, ya que el ciclo productivo es de sólo seis meses y al igual que la mariguana está expuesta a las heladas, que pueden acabar fácilmente con el cultivo y que son muy comunes en la zona.

"El año pasado perdimos todo por culpa de las heladas; todo lo que invertimos se perdió y pos, ¿cómo lo recuperamos? Oiga, pa' esto no hay Procampo[2] ni ayudas del gobierno", comenta uno de los lugareños.

El siguiente paso en el proceso de transformación de la goma en morfina y heroína lo realizan los comerciantes o *coyotes* que compran el producto a la comunidad.

Respecto al cultivo de mariguana, es el que más se siembra y cosecha, la semilla de ésta también ha sido mejorada, por lo que alcanza su mayor tamaño a los tres meses. Según un campesino del lugar, la variedad de mariguana que se usa hoy en día es una que le llaman *cronic*, y también la *yndia*, "pues es más bueno el efecto, además de que reúne un buen color, textura y aroma. Se desarrolla

---

[2] Programa de Apoyos Directos al Campo que instrumenta el gobierno federal a finales de 1993; surge como un mecanismo de transferencia de recursos para compensar a los productores nacionales por los subsidios que reciben sus competidores extranjeros.

TERRITORIO *CHAPO*

como guía y no crece hacia arriba, así no la detecta el helicóptero
[…] hay diversas variedades de mota dependiendo cuándo la quieres sembrar y qué tiempo deseas que dure: tres, seis o 12 meses".

Un tema que me saltaba y me costaba un poco de trabajo abordar era el relativo al consumo de enervantes. Hermes contaba que
un día, a un chamaco que les ayudaba a rallar la amapola lo sorpren-
dieron debajo de un árbol fumando mariguana. "Le di unos buenos
azotes… 'Aquí la producimos, no la consumimos, ¡no sea pendejo,
muchacho!' El uso sólo está reservado para cuestiones medicinales,
como, por ejemplo, para elaborar fomentos reumáticos o ungüentos
que los abuelos suelen emplear para las dolencias, aunque —pro-
sigue Hermes— cada vez más esta práctica comienza a quedar en
desuso." En pocas palabras: los miembros de la comunidad tienen
prohibido consumirla con fines lúdicos.

En los últimos años la gente del lugar se ha dedicado casi ex-
clusivamente al cultivo de la mariguana. Sobre por qué dejaron de
producir amapola, Hermes me dice con cierto aire de nostalgia y
tristeza: "Esas flores tan bonitas nos han costado tantas vidas".

LA AUTORIDAD DEL *PESADO* Y SUS REINAS

Tradicionalmente, la estructura social de esta comunidad ha sido
de tipo vertical, hegemónica y con una marcada característica paternalista, comandada por el *pesado*, el patrón, el jefe, en este caso
encarnado en Maximiliano. Debajo de él está Hermes, que es una
especie de capataz, funge como líder en ausencia de Maximiliano
(ambos tienen un vínculo consanguíneo, mas ignoro cuál es), aun
cuando Hermes es más viejo (y en cierta forma representa a la
vieja escuela de narcos en la comunidad). Maximiliano es el que
tiene los contactos afuera, es el hombre del arrojo, el político, el
que asume el riesgo mayor, el que conecta al cielo con el infierno;
todos en la comunidad lo admiran, lo quieren y también le temen.
Sin embargo, en los últimos años dos mujeres han trastocado en

cierta medida la estructura organizacional de la comunidad; ambas son precisamente las parejas sentimentales de los jefes.

Maximiliano es un mujeriego que presume tener varias de novias por todo Sinaloa, de ser un cabrón hecho y derecho, a quien no se le va una viva; pero todo su discurso y su porte de galán tropical cambian cuando se encuentra junto a su esposa Desiree, una hermosa mujer de escasos 30 años. Dicen que es entrona, de lucha; incluso en algunas charlas con ambos da la impresión de que ella es quien lleva los pantalones.

Junto a su pareja, Maximiliano se ve más sereno, más modoso; cambia su ímpetu, modera sus palabras. Según algunos lugareños, desde que Maximiliano llevó a Desiree a vivir con él a la comunidad parece haber cambiado mucho... Una anciana comenta —en secrecía y a cuentagotas— que las discusiones del matrimonio en casa a veces se oyen hasta la calle, y que en ellas Desiree impone sus decisiones en el trabajo de Maximiliano. "Esas mujeres de hoy ya no son como las de antes." Expresa la anciana con sabiduría.

Desgraciadamente no obtuve más información; poco se habla de ellos, aunque en ese silencio con olor a miedo se detecta que es también ella y no sólo él con quien no hay que meterse.

La otra dama que está en el centro de los nacientes conflictos de poder es Celeste, la mujer de Hermes.

Hermes tiene ya unos 60 años y cerca de siete hijos; hace poco conoció a una mujer de otro rancho; se enamoró de ella y le puso casa en la comunidad. A partir de allí comenzaron los conflictos. Celeste tiene 35 años, es una persona alta y de fortaleza amazónica. Comentan que un día Hermes llegó borracho a la casa, quiso despertar a Celeste y pegarle con el cinto, "nomás porque tenía ganas, pero le salió el tiro por la culata"; fue Celeste la que le pegó. Le rompió la cabeza con una piedra. "¡Estas mujeres ya no tienen miedo a nada!", comenta un parroquiano.

Cabe decir que, a pesar de la forma caciquil en que se organiza el pueblo, también se consideran otros niveles de organización social; es decir, se han establecido diversas formas asociativas de convivencia y orden, aunque de carácter inferior y primario. Hay un comité de fiestas y otro encargado de los rituales religiosos. Todas estas formas organizativas moralizan y socializan un profundo apego a lo local, al terruño, a los valores familiares y, obviamente, al líder narco, pues existen fuertes lazos entre los miembros, lo que da pocas posibilidades de relaciones con el exterior. Por tal, a diferencia de otras comunidades rurales en Sinaloa, ésta es cerrada, hermética e incluso insondable.

De una temporada en el infierno
(la corrosión del carácter del narco)

Desde la segunda mitad del siglo xx diversos autores vienen manejando la idea de la crisis de legitimidad de los sistemas políticos, económicos y socioculturales (Habermas, Foucault, Lyotard). El multiculturalismo y los flujos migratorios parecen acentuarse en el presente siglo. El liberalismo económico y el individualismo parecen ser nuevas ideologías que se contraponen al sentido de homogeneidad. Las nuevas generaciones de narcos en la comunidad no son la excepción; resulta muy evidente el relativo cambio en el sistema de valores. Aunque en buena medida el narco ha tenido la capacidad de avasallar y legitimar una forma de vida y de moral dominante ante la fractura y la incapacidad del Estado, en muchas comunidades sinaloenses ya no logra mantener un discurso moralizante basado en reglas, principios tradicionales y de sometimiento eficaz, pues ahora más que antes las generaciones de narcos están abiertas al cambio, a asumir riesgos, y dependen cada vez menos de los viejos reglamentos y procedimientos de la denominada vieja escuela. En buena medida han absorbido el pragmatismo y la flexibilidad capitalista (Senett, 1998), como parte de una nueva ética: la que he denominado la "corrosión del carácter narco".

En mi incursión en aquella comunidad pude constatar cómo el vestido, las expresiones orales, la forma de la interacción social, la moda y algunos valores tradicionales se están transformando: el valor de la palabra, los valores de la familia tradicional (sometimiento a la madre y al padre de manera incuestionable), el culto a los símbolos religiosos, e incluso el respeto a los enemigos y traidores (y a su familia) en el negocio, está basado de manera creciente en la *vendetta*, la acumulación de capital y el consumo conspicuo. Al respecto, me comentaba Hermes que los jóvenes de las comunidades cercanas andaban muy alzados, que incluso Maximiliano comenzaba a tener problemas con algunos chavos narcos que estaban a su servicio.

En concreto, aludía a una ocasión en la cual venía llegando de un lejano destino, ya entrada la noche, cuando de pronto vio una camioneta de lujo que avanzaba muy despacio. Decidió rebasarla, pero de pronto la camioneta lo siguió a toda velocidad, le cerró el paso; de ella se bajaron tres chicos —el más grande tendría unos 21 años—, le pidieron que descendiera de su vehículo y comenzaron a gritarle que lo iban a matar "por pendejo".

—Cálmense, morros; no se la van a acabar —dijo Hermes.

—¿Y quién eres o qué? —le contestaron.

Hermes se presentó; sin embargo, los muchachos, con ojos desencajados, externaron:

—Nos vale madre que seas el chaca de aquí, también a ti te tronamos.

Afortunadamente —comenta Hermes—, uno de los chavos que estaba menos drogado logró convencer a sus compañeros de que lo dejaran ir. "Estos niños ya no respetan a nadie, se meten el producto, pistean y se ponen bien locos, y pues andan armados, asaltan, se roban mujeres de otros pueblos; no hay quién los pare, quieren el dinero fácil; son como perros con rabia."

Por otra parte, otro de los fenómenos que enfrenta la comunidad es el de los *narcojuniors*, hombres y mujeres jóvenes que buscan de alguna forma incorporarse al "capitalismo flexible", obviamente con dinero proveniente del narco, pero ya no quieren estar en los espacios rurales de sus padres, pues comienzan a asimilar nuevos roles y cambios en el carácter.

Caben los ejemplos de Desiree y Celeste, que están modificando la tendencia tradicional de mujeres acompañantes del narco a mujeres activas. No son damas trofeo ni buchonas; quieren ser jefas y en cierta forma se ve en ellas una suerte de espíritu de ser emuladas. Ambas buscan influir en las decisiones de sus maridos; las más jóvenes las observan con admiración, no así las más viejas. No sabría decir qué pasará en el futuro de la comunidad, sólo que hoy, de forma incipiente, se encuentra en el tránsito hacia una sociedad muy diferente.

En lo narrado en este espacio se muestra el cambio del sistema de valores y por tal está presente el conflicto entre la vieja generación y la nueva. En especial, las mujeres comienzan a incorporarse de manera más activa en la interacción cotidiana, vislumbrando ya una incipiente transformación que seguramente impactará el ámbito de las relaciones y podría ser el principio de la reorganización de la estructura social de la comunidad, como ya ha sucedido en otras zonas *narcas* de Sinaloa.

Independientemente de las modificaciones que pueda haber en la estructura social, seguramente las mafias seguirán teniendo el control de los territorios rurales y de algunas ciudades sinaloenses, espacios donde se vive y se muere de manera intensa y profunda.

BIBLIOGRAFÍA

Bourdieu, Pierre, *Esquisse d'une theorie de la pratique*, Droz, París, 1972.
Sennett, Richard, *La corrosión del carácter: las consecuencias personales del trabajo en el nuevo capitalismo*, Anagrama, Barcelona, 2006.

Las jefas del narco, de Arturo Santamaría Gómez
se terminó de imprimir en marzo de 2012
en Quad/Graphics Querétaro, S. A. de C. V.,
Fracc. Agro Industrial La Cruz El Marqués
Querétaro, México.